シリーズ「遺跡を学ぶ」

141

豪華な馬具と朝鮮半島との交流

船原古墳

甲斐孝司・岩橋由季

新泉社

豪華な馬具と朝鮮半島との交流

―船原古墳―

甲斐孝司・岩橋由季

【目次】

編集委員
勅使河原彰（代表）
小野　昭
小野正敏
石川日出志
小澤　毅
佐々木憲一

装　幀　新谷雅宣
本文図版　松澤利絵

第1章　埋納坑の発見

1　遺物埋納坑の発見

ほ場整備のための記録保存

九州一の大都市、福岡県福岡市から北東に約一五キロの位置に古賀市がある（**図1**）。東西は一一キロ、南北は七キロ、総面積はおよそ四二平方キロ。市の北西側は玄界灘に面し砂丘と松原がひろがり、海岸線からすこし離れて鹿児島本線が通り、沿線には宅地が建ちならぶ。一方、南東側には標高四〇〇～五〇〇メートルの犬鳴山地が連なり、北西側の海にむけていく筋かの河川が流れ扇状地を形成し、丘陵から低地となり、そして玄界灘に達する。

この古賀市の鹿児島本線ぞいの市街地から山側に二キロほどいった谷山・小山田地区の境、犬鳴山系に属する四〇九・七メートルの大目配（須葉恵山）からのびた低い丘陵上に、船原古墳はある（**図2**）。かつては谷山北地区遺跡群とよばれ、周囲は水田と山にかこまれた緑豊か

図1 ● 船原古墳と関連する遺跡の位置
古賀市は福岡県の北部にある。市の北西側は玄界灘に面し、南東側には犬鳴山地が連なる。船原古墳はこの犬鳴山地から派生した低い丘陵上にある。

沖ノ島
福岡
船原古墳
宗像大社中津宮
大島
宗像市
勝浦峯ノ畑古墳
勝浦井ノ浦古墳
宗像大社辺津宮
新原・奴山古墳群
津屋崎古墳群
宗像市
在自剣塚古墳
福津市
宮地嶽古墳
手光波切不動古墳
玄界灘
新宮町
相島積石塚
相島
花見古墳群
千鳥古墳群
古賀市
花見古墳
鹿部田渕遺跡
船原古墳
永浦古墳群
人丸古墳
夜臼・三代地区遺跡群
三代須川3号墳
大森7号墳(古墳群)
志賀島
能古島
福岡湾
博多湾
福岡市
粕屋町
阿恵遺跡群
糟屋郡
0
10km
N

な風景がひろがっていた。

この一帯では近年、ほ場整備事業が進められていて、谷山北地区遺跡群も一部が整備事業の地区にかかり消滅することになった。そのため古賀市教育委員会が、二〇一二年一〇月から記録保存のための発掘調査をすることになった。

発掘調査の面積はおよそ二三〇〇平方メートル。古墳ののる丘陵にそって東西

図2 • 船原古墳周辺の景観（南西から）
海岸線から国道3号線のあいだに市街地が広がる。市域の東には大根川、西には青柳川が流れ、海岸近くで合流して花鶴川となり玄界灘へ注ぐ。山側には田園風景が広がるが、犬鳴山地が海側にせまりだすことで福岡平野と宗像地域をつなぐ回廊のような地形となる。船原古墳はその回廊をみわたす位置にあり、海岸線とはわずか4.7㎞しか離れていない。

に長いかたちをした土地である（図3）。地盤には細かい砂のなかにさまざまな大きさの円礫が含まれていることから、河川の堆積作用によって形成された土地であることがわかる。

調査終了間際の発見

調査は二〇一二年度末の完了をめざして進められていた。そして年度末の二〇一三年三月、調査地内の北側にある

図3 ● 谷山北地区遺跡群（船原古墳）の調査区（写真左側が北）
中央にある小さな丘陵が船原古墳で、白い線のようにみえるのは発掘調査のトレンチ。発掘調査をおこなったのは、船原古墳の西側に接した南北に細長い範囲である。遺跡の大半は中近世の遺構が占める。古墳時代の遺構は船原古墳の南西にある土坑群のみ（図8参照）。

細長い土坑を、終了時期にまにあわせるために急ピッチで掘りはじめたところ、土坑のなかから鉄製や金銅製の馬具が姿をあらわした。

最初にみつかったのは、乗馬の際に足先を入れる壺鐙だった（**図4**）。「なぜ土坑から壺鐙が？」まったく意味がわからなかった。馬具は通常、古墳の石室内に副葬されているものである。後世の盗掘などによって、無残にも放りだされた馬具片が古墳の周辺からみつかることがあるが、土坑から馬具が、しかも首長クラスの墓に副葬されることの多い壺鐙が出土するなど聞いたことがない。

ともかく、期間内に調査を終わらせなければ……。そう思いながら周辺の土を急いで掘り進めた。すると、馬具はこの壺鐙だけではなかった。土坑の下層をおおっている土を除去するにつれ、細長い土坑の底部一面に遺物がひろがっていることがわかってきた。大半

図4●土坑から姿をあらわした壺鐙
土坑の北端でみつかった一対の壺鐙。少し離れた位置にあり、床面から少し浮いた状態でみつかった。壺鐙のあいだには吊金具があり、その下にある黒い被膜状のものは漆を塗った弓。

は鉄製品のようだが、ところどころ鮮やかな金色が光ってみえる。

ていねいに土を除去すると、それらの形状が明らかになってきた。壺鐙以外にも、鞍や馬の口にかませる轡、馬具の革帯の交差するところにつける雲珠や辻金具、飾り金具の杏葉など、馬具ばかりが埋まっているらしい（図5）。

ほかにも数多くの鉄製品があるが、現状ではこれ以上掘り進めるのはむずかしそうだ。まずはこれから先、何をどのようにすればよいのか、ひとまず気持ちを落ち着かせて頭を整理する必要があった。

思いがけない発見によって、予定されていた期限までに発掘調査を終えるのは不可能になった。ほ場整備事業を進める福岡農林事務所に調査期間の延長を申し入れ、大急ぎで土坑内の遺物の確認をつづけた。

図5 ● 土坑から姿をあらわした轡や辻金具

土坑の北側、壁際の一部分に、金銅装の轡や辻金具などの金銅製品がまとまっていた。薄緑色の錆が全体を覆っているが、錆のすき間から金色の輝きがみえた。

また福岡県文化財保護課や九州歴史資料館に連絡をとり、現地での指導・協力を依頼した。いまからふりかえると、この発見がその後につづく〃船原フィーバー〃のはじまりだったが、当時はそれを感じる余裕もなかった。

土坑から馬具が

馬具がみつかった土坑（1号土坑）は調査区の東端にあった。北西から南東にむかって細長いかたちで、長さ五・六メートル、幅八〇センチ（図6）。近世の溝の掘削により、西側壁面の一部が失われていたものの、おおむね本来のかたちをとどめているようにみえた。馬具はおよそ八〇センチの深さから出土した。

九州歴史資料館で保存科学を担当する加藤和歳（かずとし）氏と小林啓（あきら）氏（肩書は当時、以下同）に現状を確認してもらい、四月はじめからとり上げ作業をおこなうことに決めた。その後、数日かけて徐々に土坑内の土をとり除き、どのような遺物がどのくらいの量埋まっているのか確認する作業をつづけた。その結果は驚くべきものであった。

土坑北側の隅には、一目で壺鐙とわかる円錐状の鉄製品が二つ姿をみせている。そのかたわらに横たわるU字形の大きな金属製品は、ところどころに金色が顔をのぞかせていることから、金銅装の鞍と推測できた。

鞍の脇には、金銅製の辻金具が数点まとまってみえる。土をとると金色に輝き光沢がひときわ目立っている。その中央部分が丸く白くみえるのは装飾のためにつけた貝殻だろうか（図5

図6 ● 1号土坑の遺物出土状態
3次元計測データにカラー写真のデータを合成してつくった1号土坑の全景。発見当初は細長い土坑と考えていたが、その後の調査でL字状になることがわかった。土坑のほぼ全面に遺物が広がっていることがわかる。

参照）。イモガイという南海産巻貝を装飾に使った辻金具ならば、福岡県内にも数例ある。

　土坑の中央付近には、土坑と直交方向に置かれた立体感のある鉄製品が目立っている。裏返しで少しつぶれてもいるようだが、ゆるやかな曲線を描き、細長いかたちをしている。まさか馬の頭と顔をおおい保護するための馬冑（ばちゅう）か。

　馬冑らしき鉄製品の南側には、小札（こざね）とよばれる小型の鉄板が何層にも積みかさなって大きな鉄の塊になっているが、本来のかたちまでは判別できない。その周囲はまだ調査が進んでいない部分も多いが、ところどころに黒く光沢を放つ被膜状のものがみえる。漆だろうか。その下にも何かありそうだが、現段階ではこれ以上把握できそうもない。

　土坑の南側には、雲珠や杏葉といった特徴的な馬具がいくつも顔をのぞかせている。丸いかたちをしたのは鈴のようだが、大小さまざまあ

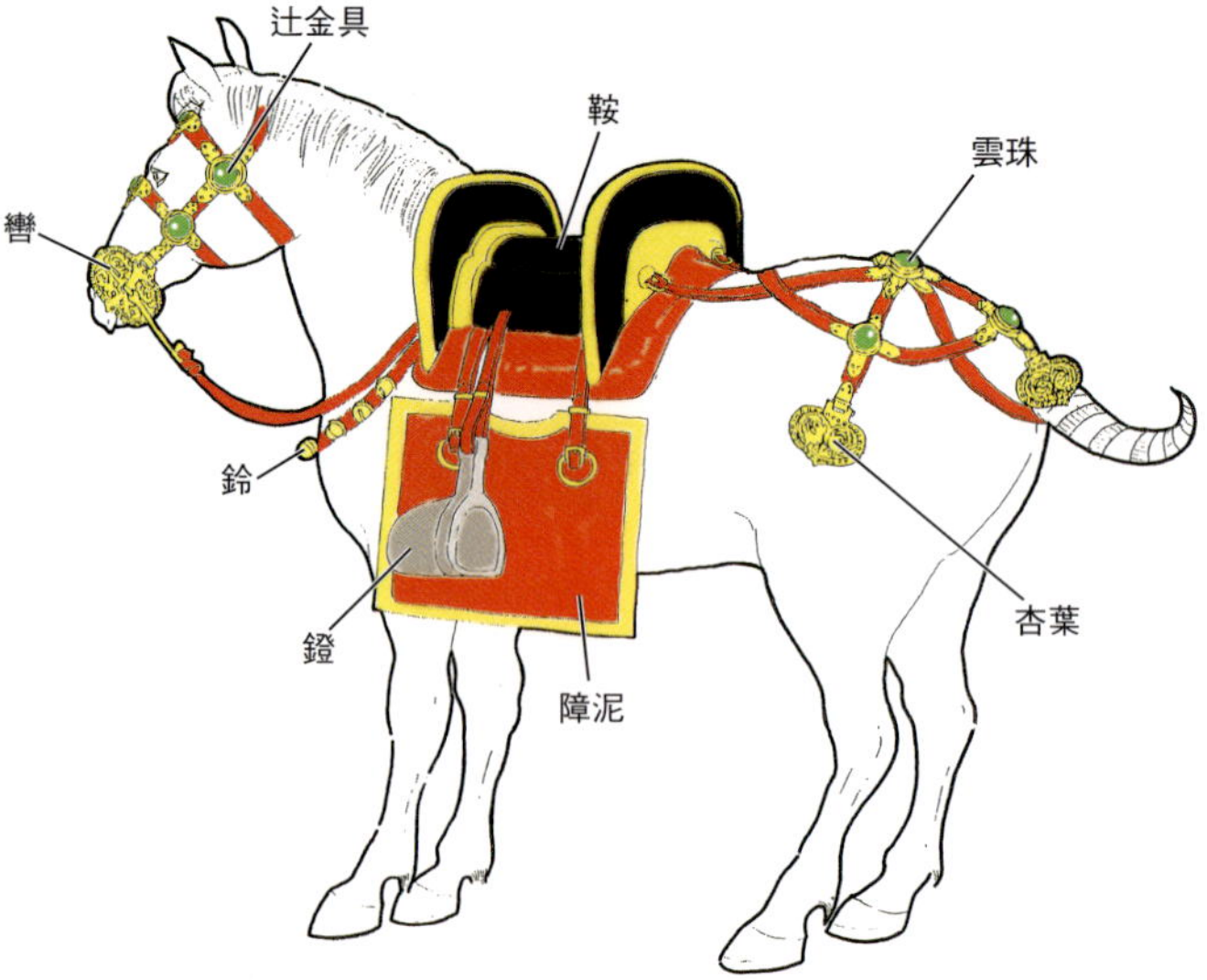

図7 ● 馬の装飾
豪華な馬具を装着した馬の図。古墳時代には実用品ばかりでなく、馬を華々しく飾り立てるための装飾用馬具もあった。1号土坑からは轡が合計で6点出土しており、少なくとも6タイプの馬装があったものと思われる。

るようだ。

このようにざっとみわたすだけで、細長い土坑ほぼ全面に貴重な馬具ばかりがひろがっていたのだ。

周辺の状況

馬具がみつかった土坑の東側には、船原古墳が隣接している（図8）。今回みつかった土坑は、この船原古墳の横穴式石室の入り口近くに位置している。過去の発掘調査によって、この古墳は六世紀末ごろにつくられたものであることがわかっており、これは土坑に埋まっている馬具の時期とも一致している。土坑は船原古墳と関係しているど考えてまちがいなさそうである。

図8 ● 船原古墳と土坑
古墳のすぐ下にみえる黒い影が今回みつかった土坑。船原古墳の西側に合計7基みつかった。前方部側（写真左側）の2基は墳裾のラインに沿って土坑を配置し、後円部側の5基は古墳の主軸に沿って配置されている（図24参照）。

さらにこの土坑以外にも、付近で古墳時代の遺物が入った土坑を発見した。三〇本程度をひとくくりにした鉄鏃（てつぞく）の束が三つ出土した土坑や、須恵器甕（すえきかめ）の破片が大量に出土した土坑なども、最初の土坑と同じように船原古墳に関連するもののようである。

とすると「船原古墳の入り口付近には、複数の遺物埋納坑がある」ということになる。古墳石室の入り口付近に遺物埋納坑がある例など、いままで聞いたことがない。これはただならぬ事態ではないか。いまさらながら焦燥感が込みあげてきた。

2「とにかく凄いモノだ」

専門家の意見

これだけの数と種類をそろえた馬具が、前方後円墳や大型円墳など地域の有力首長クラスの古墳から出土したというのなら理解できるが、土坑から出土したなどという話は聞いたことがない。そして、これらの馬具がどこから、どのような経緯でここに持ってこられたのか、古墳の石室の前面にある遺物埋納坑というものが学術上どのような意味をもつのかが、よくわからない。これから先の調査の仕方や馬具のとり上げ方もよくよく考慮しなければならない。

発見から数日後、県文化財保護課の吉田東明（とうめい）氏が現地を訪れた。現地を確認して事の重大さを実感した吉田氏は、「ひとまず、このまま調査を進めるのではなく、まずは古墳や馬具にくわしい専門家に現地をみてもらい、土坑の評価や今後の調査方針について意見をうかがったほうがいいだろう」とアドヴァイスしてくれた。

こうして数日のうちに、近隣の古墳時代研究者、九州国立博物館や九州歴史資料館の保存科学担当者、文化庁や福岡県文化財保護課の関係者が現地を訪れた（図9）。

この時点で、鐙が二セット、鞍が三セット、轡頭絡（とうらく）が一セット、尻繋（しりがい）が一セット、小札甲（こざねよろい）状の物体が一群確認されていた。さらに、これらの下には黒い漆の被膜が広範囲にあり、有機質のものが敷かれていると考えられた。

集まった専門家がまず一様に声をそろえたのは、「とにかく凄いモノだ」の一言。「これは国宝の藤ノ木古墳出土品に匹敵するものだ」と興奮気味に語った福岡大学人文学部教授の武末（たけすえ）純一氏の言葉が印象深い。

専門家の率直な第一印象から発せられた言葉は、遺跡の評価にいまひとつ確信がえられなかったわたしたちにとって、古賀市が誇れる遺跡の発見へ

図9●土坑をかこんで検討する研究者たち
一面に広がる遺物を目の前にして、種類の同定から発掘調査の進め方、遺物のとり上げ方、調査の体制などを検討する専門家や関係者。ここに集まった人たちがその後の調査の中核を担うメンバーとなった。

の期待と「無事に調査を終えられるだろうか」という不安の両方をともなうものになった。

馬具研究の第一人者である福岡大学人文学部教授の桃﨑祐輔氏は、豪華な馬具のセットは朝鮮半島の新羅系統の特徴がうかがえ、六世紀第4四半期から七世紀第1四半期におさまるもので、重要文化財級の価値がみこまれること、こうした遺物を埋納した遺構はおそらく国内でも例がないこと、隣接する古墳との関係が十分に予測され、遺構と遺物の両方から古墳の被葬者や当時の社会情勢にせまることができるきわめて重要なケースであること、を指摘した。

こうした専門家からの意見によって、今後の発掘調査にたいしてみんなで団結してとりくもうというふん囲気ができあがっていった。

記者発表と現地説明会

これだけの大発見である。調査の成果はひろく公開し、より多くの人たちに知ってもらわなければならない。馬具の発見から三週間後の二〇一三年四月一八日、遺物埋納坑に関する記者発表をおこなった。出席した記者たちは、前例のない大きな発見に興味がつきない様子で、その日は夕方も暗くなるまで熱心な質問が絶えなかった。

そして翌一九日の朝刊には、「宝の馬具ずらり」「金色の馬具一式出土」といった見出しが紙面に踊った。奈良県の藤ノ木古墳や福岡県福津市の宮地嶽古墳出土の国宝に指定されている馬具と対比して「国宝級の発見」だとする記事さえあった。さらには、豪華な副葬品から被葬者とヤマト王権、あるいは朝鮮半島との太いパイプを類推する内容や今後の観光振興を期待する地元住民の声なども紹介された。

これらの記事をみながら、この貴重な遺跡を市民みんなと後世に伝えていくために努力していかねばならないと気が引き締まる思いであった。

記者発表から三日目の四月二一日、一般の人びとを対象にした現地説明会を開催した。多くの人が訪れることを想定して、現地には土坑の上に日よけのテントを設置して、周囲には工事現場用の足場を組み、間近から土坑のなかをのぞきこむことができるようにした。

かくして当日、穏やかな晴天に恵まれて、遺跡見学にはもってこいの日和となり、この日だけで八〇〇人が現地を訪れた。当日の様子は古賀市役所内でも大きな話題となり、遺物埋納坑の発見と現地説明会での人びとの様子を紹介する市広報の特別号も発行された（図10）。

図10●「広報こが」特別号
土坑のなかをのぞき込む多くの見学者。遺物埋納坑の発見はマスコミにも大きくとり上げられ、現地説明会には市内外から多数の人びとが来訪した。

3　三次元計測・X線CTの活用

発掘調査最初の課題

現地説明会終了後、調査をいったん中断し、調査方法など課題を検討した。遺物埋納坑のなかは、馬具、武器・武具が複雑に絡みあって隙間がない。ざっとみただけでも、国内に数点しか出土例のない遺物がいくつもある。

こうした保存状態が良好な遺構にどのようにして微細な点にまでせまり、精細に記録するのか。さらに重要な遺物をどのようにして調査・保存するのかという点が、今後の発掘調査を進めるうえで最初の課題として浮上した。

三次元計測とX線CT

遺物のとり上げ作業をどのように進めればよいのか。九州国立博物館の今津節生（いまづせつお）氏は、保存科学の立場から、有機質の漆らしき被膜が出土しているので現地にあまり長く置くことはできないとし、土中に有機質の残片や細かな部品の情報がそのまま残っている可能性があるため、発掘現場で遺物を掘りだすよりも、全体の出土状況を三次元で計測したうえで、文化財用X線CTスキャナによる内部構造調査の結果と合成するという方法を提案した。

三次元計測とは、立体的なものをデジタルデータ化するための計測方法で、レーザーなどを用いることで、対象物に直接ふれることなく、ものの大きさや形を立体的に記録することができる技術である。X線CTスキャナ（コンピューター断層撮影）は、被写体にX線を照射してえたデータを、デジタル処理技術を駆使して、内部を切ったり、削ったりすることなく、断層像や三次元の立体像を構成するものである。

そして三次元計測でえられる「平面情報」（遺構データ）と、X線CTでえられる「立体情報」（遺物データ）を統合すると、上下左右あらゆる角度、任意の断面の観察が可能となる。

この三次元計測とX線CTを用いれば、複雑に絡みあった遺物や金属の遺物に付着している布や革、漆などの有機物も立体的かつ詳細に記録することができ、埋納時の姿や状況の復元が可能になる。

当時、文化財の世界でX線CTを導入し実績を上げている機関は九州歴史資料館と九州国立博物館のみであった。国内に二カ所しかないCTが福岡県にあったことから、埋納坑の調査にこれをとり入れることは、ある意味必然であったかもしれない。

どう調査するのか

こうして古賀市教育委員会、九州歴史資料館、九州国立博物館合同の船原古墳発掘調査プロジェクトチームが結成された。プロジェクトチームでは調査の方法をつぎのように考えた。

馬具は本来、布や革、漆など有機質と金属などが合わさった多様な素材で構成されているが、多くの場合、有機質は劣化・消失しており、錆と同化した繊維の痕跡を手がかりにするのみである。しかし、船原古墳の場合は有機質がまだ残っている可能性があった。

そこで遺物の検出は表面の輪郭がわかる程度にとどめ、周囲の土砂は極力残しておき、とり上げる際にも、遺物の周囲の土砂や相互に付着した遺物同士を極力分離しないようにする。

また、検出後に写真撮影した後には、三次元計測によって、遺物の表面が検出されている平面的な出土状況を記録する。その後、とり上げた遺物をブロック状態のままCT撮像し、内部に残る情報を立体的に可視化する。

出土状況の記録は、通常、手作業による実測でおこなわれるが、デジタル計測技術でおこなえば、これまでとくらべて飛躍的に高精細な情報にもとづく記録を作成することができる。また、手作業の実測にくらべて短時間でおこなうことができ、調査の効率化が図られ、劣化しやすい遺物の保全にもつながる。

こうして調査方法が定まり、発掘調査を再開することになった。

L字状の埋納坑

四月二六日、調査を再開した。まず最初におこなったのは遺物埋納坑の再確認である。というのも、発見当初にはみえていなかったが、土坑西壁の中央付近の壁面を注意深く観察すると、そこには上面からでは確認できなかった、土層の異なる線が認められたからである。このあたりの遺物はどうやら土坑の壁の外側へとつづいているらしく、このことも土坑につづきがあることを指し示している。

こうして再確認した結果、遺物埋納坑は長方形ではなく、L字状に折れまがった特異なかたちであることが判明した。

五月七日から未掘部分の掘り下げを開始した。その結果、土坑の北端から弓の飾り金具として使用される金属製の弓弭（ゆはず）が、また土坑中央付近の漆膜のあたりからも同じような金属製品がみつかった（図11）。

さらに五月一四日には、南側の未掘部分から新たに金銅製の鈴や金箔張りの木製品、そして鉄鏃数十点が束になった状態で確認された（図12）。また、当初輪鐙（わあぶみ）とみられていた南端の金属製品は、その後の調査が進むにつれて鎌（かま）や鋤鍬（すきくわ）の先といった農工具であることも判明した。

こうして当初は馬具だけの埋納かと思われていたが、武器・武具や農工具も納められていたことが新たに判明したのである。

その後も作業は順調に進み、土壌のサンプリングを実施、五月末には遺物をおおってい

図11 ● 漆膜と弓弭の出土状況
黒く細長いのが弓である。内部の木質はすでに腐朽しており、ほぼ外側の漆膜しか残っていない。端のほうから弓弭とよばれる金属製品が出土した。弓弭を装着した弓だったことがわかる。

る埋土の掘削作業をおおむね終了し、それまでの状況を写真撮影したのち、六月六、七日に一回目の三次元計測をおこなったのだった（図13）。

空中ブランコ

三次元計測終了後、ついに最初の遺物のとり上げ作業に入った。

まず直面したのは、幅、深さともに八〇センチしかなく、土坑床面には足の踏み場もないほどぎっしり遺物が詰まった状態で、どのようにすれば遺物に体を寄せることが可能か、という問題であった。

そこで、発掘現場で使用している足場板をロープと木杭を使って遺物埋納坑の直上に吊るし、あたかもサーカスの〝ブランコ〟にのるような状態で遺物に接近することにした（図14）。かなり不安定な体勢で、乗っている

図12 ● 鉄鏃の出土状況
鉄鏃は土坑の南端から多数みつかった。何本もの鉄鏃が向きをそろえて束の状態で出土しており、容器かなにかに納められていたのではないかと思われた。

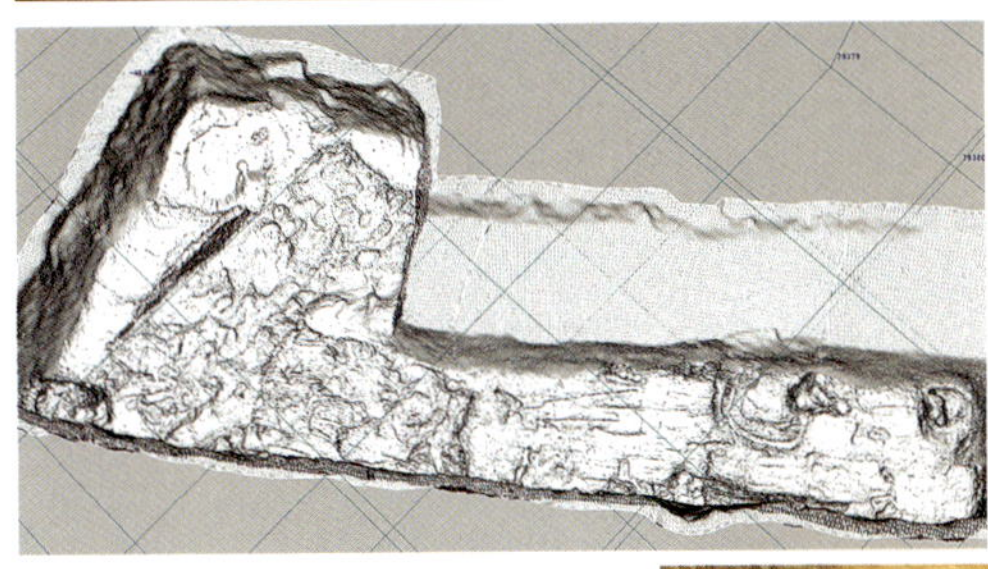

①計測した画像データ。多数の点の集まりによって土坑や出土遺物の形状があらわされている。すべての点には座標と標高が付加されている。

②画像データに色情報を加えた状態。色に関する情報は、写真測量データを合成して加えている。

③3次元図化作業が完成した状態。拡大や回転が自由自在で、あらゆる角度から観察可能。

図13 ● 3次元計測
上の写真は3次元計測機器を設置して遺物埋納坑を計測しているようす。レーザーにより数百万点もの高精細な画像データをえることができる。

だけでも体力を消耗したが、これで遺物との距離は数センチまで近づくことができ、無理なく遺物に手が届くようになったのである。

〝ブランコ〟にのってみえた出土状況は、上からみる光景とはちがうものであった。目の前に豪華な馬具が隙間なく群をなす、考古学研究者にとって圧巻の光景であった。その群は、表面だけではない。さらに下のほうにも複雑に絡みあい重なっているのだ。まだ大量の品々が埋まっている。

新たな発見もあった。遠目から有機質のようなものがあることはわかっていたが、近づいたことにより、それが織物や革帯、漆や木材であることが肉眼でもみてとれた。地下から滲みでる湧水のおかげで湿潤な環境が保たれていたため、こうした有機質遺物が当初の予想よりもよい状態で残っていたのだ。

図14● 〝ブランコ〟にのり調査する風景
狭くて深い土坑のなかで細かい作業をおこなうため考案した。朝最初の仕事はこのブランコを組み立てることだった。床面と板の間隔が30㎝がもっともよく遺物がみえ、腕も動かしやすかった。この後、鋼管や足場板などを使って改良し、安定感が増した。

しかし、発掘調査によって大気にふれたことで、有機質遺物を含む遺物全体の劣化は急激に進行する。迅速な作業が要求されることも判明した。

液体窒素と医療用ギプス

発掘調査では以前から、脆弱な遺物をとり上げる方法として発泡ウレタンで梱包するのが一般的だが、この方法は周囲の土ごと大きく掘削する必要がある。

今回の場合、遺物同士の隙間がほとんどなく、さらには遺物を埋納した土坑自体の学術的価値を考えると、とり上げのために土坑を破壊することは避ける必要があり、発泡ウレタン法の採用はためらわれた。合成樹脂で仮強化する方法もあるが、後の科学分析に影響がでることや、狭い土坑のなかで作業をおこなうため、溶剤の蒸気を作業者が吸い込むと危険である。

このように今回の調査は、いままでの遺物とり上げ作業とくらべ厳しい条件が与えられたため、新しいとり上げ方法を開発した。それは、液体窒素と医療用ギプスを用いる方法である。液体窒素と医療用ギプスそれぞれは、いままでも単独で使われていたが、今回は二つの方法を組みあわせて双方の利点を利用する、これまでにない新しい発想である。

まずブロック単位に仕分けた遺物群の周囲に医療用ギプスを巻きつけ固定する。通常はこの状態でとり上げるが、漆膜などの脆弱な有機質遺物はさらに固定する必要があるので、液体窒素で凍らせるのだ。

液体窒素を直接流しかけることで瞬間的に氷結させ、固定後に遺物と地山のあいだを切り離しとり上げる。土のなかの水分が氷になり、これが合成樹脂のような強化材になる。元はたんなる水だから、遺物には科学的作用も少なく、その後の科学分析への影響は少ない。

遺物のとり上げ作業は六月七日に開始した。多くの報道陣にみまもられるなか、まず鉄製壺鐙のとり上げから作業をはじめた。気温三五度を超えた真夏の炎天下に、土坑の上で〝ブランコ〟に吊りさげられた体勢での作業は、かなり過酷なものであった。

液体窒素は沸点が摂氏マイナス一九六度であるので、急激に水分を凍らせて凍結保存するときに使用する。

今回の発掘調査では、地下水で水分を含んだ遺物を効率よく凍結するために、家庭で使うアルマイト製のヤカンを利用した。ヤカンであれば使い慣れているから必要な量を必要な部分にうまく流しかけられる。

図15 ● 医療用ギプスをまき液体窒素を流しかけ固定する

液体窒素を流しかけた途端、蒸気が発生し土坑一面をおおう。その日の気温などを考慮して液体窒素と土のなかの水分量を慎重にみきわめる。少ないと遺物が凍らず、多すぎると地面まで凍ってしまって遺物がとり上げられなくなる。

ヤカンから遺物に適量の液体窒素を流すことによって、遺物に含まれる水分を凍結した。真夏ではあったが効率的に凍結部分や蒸気の発生をコントロールしながら安全に作業することができた（**図15**）。

作業にあたった九州歴史資料館の保存科学スタッフが、科学的な知識や技術、習熟した現場での経験を総動員し、多くの遺物を手際よくとり上げていった。

この新たな方法により、付着する有機物はもちろんのこと、遺物同士の分離も最小限に食い止めることができた。ブロック単位で、遺物の出土位置を保持し、有機物が遺物に付着したまま、つまり埋納状態を保持したままとり上げることに成功したのである（**図16**）。とくに、内部の木材が失われて漆膜だけになっていた弓のとり上げに大きく貢献することになった。

図16 ● 土ごととり上げた遺物ブロック
液体窒素を流しかけた後、周囲の土ごと切りとって、とり上げた。土のなかには金銅製の金具だけでなく、みえない遺物や有機質がそのままパックされている。この方法によって、埋納状態を保持したままで有機物をとり上げることが可能になった。

こうして、遺物をおおう土の除去、写真撮影、三次元計測、遺物のとり上げという一連の流れを何度かくり返し、作業が完了したのは、秋が深まった一一月一五日であった。六カ月以上におよぶ作業で、とり上げた遺物ブロックは五〇〇点を超えた。

屋内での発掘作業

とり上げた遺物はただちに九州歴史資料館に搬入し、土のブロックのままX線CT撮影がおこなわれた（**図17**）。

X線CTでえられた画像データは、解析ソフトを使用すると遺物のみを浮かび上がらせることができる。つまり、X線CTデータ上で遺物を発掘する感覚である。これにより掘り出さなくても、土のなかにある遺物の「形状」が明らかになるのはもちろん、内部構造や破片の位置情報、付着する

図17 ● X線CT撮像
遺物を載せた中央のターンテーブルが回転し、全方位から透過画像を撮影する。それによってえられたデータをコンピュータで処理し、内部を立体的に観察する。写真の遺物は1号土坑で最初にみつかった壺鐙。

図18● 金銅製心葉形杏葉の出土状態とCT写真
写真上は、現地でとり上げる直前の状態。全体の形状から杏葉であることはわかるが、内部の文様などははっきりわからない。写真右下はCTによる杏葉の撮影。CT画像を観察して構造を把握することで、有機質を残しながら文様板の鳳凰を正確にクリーニングすることができた。写真左下はクリーニング後、実際に鳳凰文があらわれたようす。

有機物などといった「各種痕跡」を立体的に把握することが可能になる。

この方法によって、金銅製心葉形杏葉の表面からは、精緻なデザインの鳳凰文が浮かびあがった（図18）。裏面の土のなかからは織物の痕跡がみつかった。付着する位置から推測すると、埋納時に包んだ織物と考えられ、埋納方法を復元する手がかりをつかむことへとつながった。

金銅製歩揺付飾金具の発見

CT撮影でもっとも目を引いたのは、金銅製歩揺付飾金具の発見だった。この歩揺付飾金具は台座に小さな孔があき、革紐をとおした痕跡があることから、馬の背中にとり付ける雲珠の役割をはたすもので、馬が歩くときに飾りがゆれる装飾品として使われたもののようだ。

図19● とり上げたときの金銅製歩揺付飾金具
土のブロックのなかに青く錆びた金銅製の薄い板片が折り重なっているのがわかる。劣化して壊れた金銅製の歩揺付飾金具は、土にパックされることで辛うじて形状を保っている。従来の調査方法であれば、元の形状を復元するまでには至らなかったかもしれない。

とり上げたときには薄い金銅板のようなものと考えていたが（図19）、土のなかからわずかに歩揺付飾金具の支柱部分と思われる破片がみえたのである。歩揺付飾金具は福岡県の沖ノ島の出土品（図20）や奈良県の藤ノ木古墳でも出土していることから、船原古墳でみつかったこの金銅製品も歩揺付飾金具と思われた。

ＣＴで撮影したデータを解析してみると、支柱部分は大小複数あり、さらに表面にみえる透かしの入った金銅板が複雑に絡みあい、固まりになって潰れているようにみえた。この時点で、沖ノ島や藤ノ木古墳のような歩揺付飾金具のようにみえたが、どこかがちがう、といった違和感が残った。後日、桃﨑氏とともにこのＸ線ＣＴデータを検討した。

桃﨑氏は、モニターに映るデータを食い

図20● 沖ノ島出土の金銅製歩揺付飾金具
中央に柱を立て、そのまわりに4点または10点の歩揺を吊るした歩揺付飾金具（雲珠）が数多く出土している。似たような金銅製品が、韓国の慶州を中心とした新羅時代の王陵から出土しているため、沖ノ島で発見されたものも新羅から持ち込まれたものだろう。

入るように観察し、解析にあたった加藤氏にスライスや回転などデータの解析を矢継ぎばやに指示した。その結果、このような遺物はみたことがない、これまで類例がないものになりそうだ、という見解が示されたのだ。

さらに詳細な解析をするため、九州国立博物館の輪田慧(わだけい)氏により破片の種類ごとに色分けし

①CT画像上で土を除去し、遺物を検出したようす。わかりやすいように金属部分を着色した。複数の柱があり、その周囲に薄い板状の部品が折り重なっているのがわかる。

②同じような形状をした部品には同じ色を着色した。その結果、中央に大きめの柱があり、8つの大きな歩揺がつくことや、周囲には6つの小さな柱が配置され、それぞれに小さな歩揺が4つ吊り下がっていたことがわかった。

③データ画面上で破片を展開し、元の位置を復元してみたところ。下部の金銅板は六角形になることや唐草状の透かしが彫り込まれていることがわかった。

図21● 金銅製歩揺付飾金具のCT画像展開
最新のデジタル計測技術によって、土塊のなかにあった金銅製品の形状を復元することが可能となった。

て破片を展開し、そして元の状態に復元することを試みた（図21）。すると、これまで誰もみたことがない形状の飾金具があらわれたのである。

六角形で唐草状の透かしが入った金銅板の中央がドーム状に盛りあがり、そこから傘の骨のような柱が一点立つ。まわりの六角形の部分にも小さな吊手のついた柱が六点規則的にならんでいる。中央の大きな吊手には八点の大きな歩揺がつき、まわりの吊手にはそれぞれ小さな歩揺が四点吊り下がっている。大型の歩揺は中心部が凹んだ花弁形、小さな歩揺は扁平な板状で周囲がわずかに湾曲している（図36参照）。

以上がデータ画面上の解析だが、この貴重な発見をさらに研究するため、データを３Ｄプリンタで出力し、実際に手にとることができる模型を製作した。

金銅製歩揺付飾金具に関してえられたこうした情報は、これまでの遺物調査の手法では発見することが不可能であり、Ｘ線ＣＴを核としたデジタル計測技術を最大限に活用した調査手法の成果であった。

一一月二三日に開催された九州考古学会総会では、遺物埋納坑の概要とともに金銅製歩揺付飾金具の詳細を発表した。発表時の様子は「国宝級の馬具発見」として新聞でも大きくとり上げられた。またテレビでは遺物埋納坑に関する特集番組が組まれ、その象徴として飾金具が映しだされ、大きな反響をえることとなった。

遺物埋納坑の発見以来、船原古墳は注目されていたが、金銅製歩揺付飾金具の発見と復元模型などの発表以降、その文化財としての意義も深く認識されていった。

第2章　船原古墳とは

1　古墳消滅の危機

遺物埋納坑が発見され、にわかに脚光を浴びるようになった船原古墳だが、じつのところ、かつて開発による消滅の危機に瀕しながら、一転して保存への歩みをたどった経緯がある。

一九九六年四月、谷山地区と小山田地区をはさんだ丘陵の造成工事が実施された際に船原古墳がみつかった。そのときは記録保存のための発掘調査が前提だった（図22）。

調査では二基の古墳が確認された。そのうちの一基は直径二〇メートル、高さ約三メートルの円墳で、主体部は南西側に開口した横穴式石室だった。当時は船原三号墳と命名したが、これが現在の船原古墳である。船原二号墳としたもう一つの古墳は、残念ながらすでに石室の大半が損壊し、墳丘もほとんど残っていないような状態だった。

さきにふれたように古墳群は発掘調査終了後に破壊される予定だったが、直径二〇メートルの円墳とはいえ古賀市域では最大クラスの古墳である。主体部は天井石の一部を失ってはいるがおおむね旧状をとどめており、奥壁や側壁には畳の大きさほどもある巨石を使用した複室構造の横穴式石室だったことから、市ではこの古墳が地域にとって貴重な財産であるという認識を深め、地権者や事業者の協力をえて保存することとなったのだった。

2　前方後円墳だ

再調査

さて、遺物埋納坑の発見後、あらためて船原古墳をみなおすとやはり違和感があった。主体部は非常に立派な横穴式石室で、豪華な副葬品を備えた埋納坑をもつのに、古墳本体は直径二〇メートルほどの円墳というのはあまりに貧弱なのではないか。

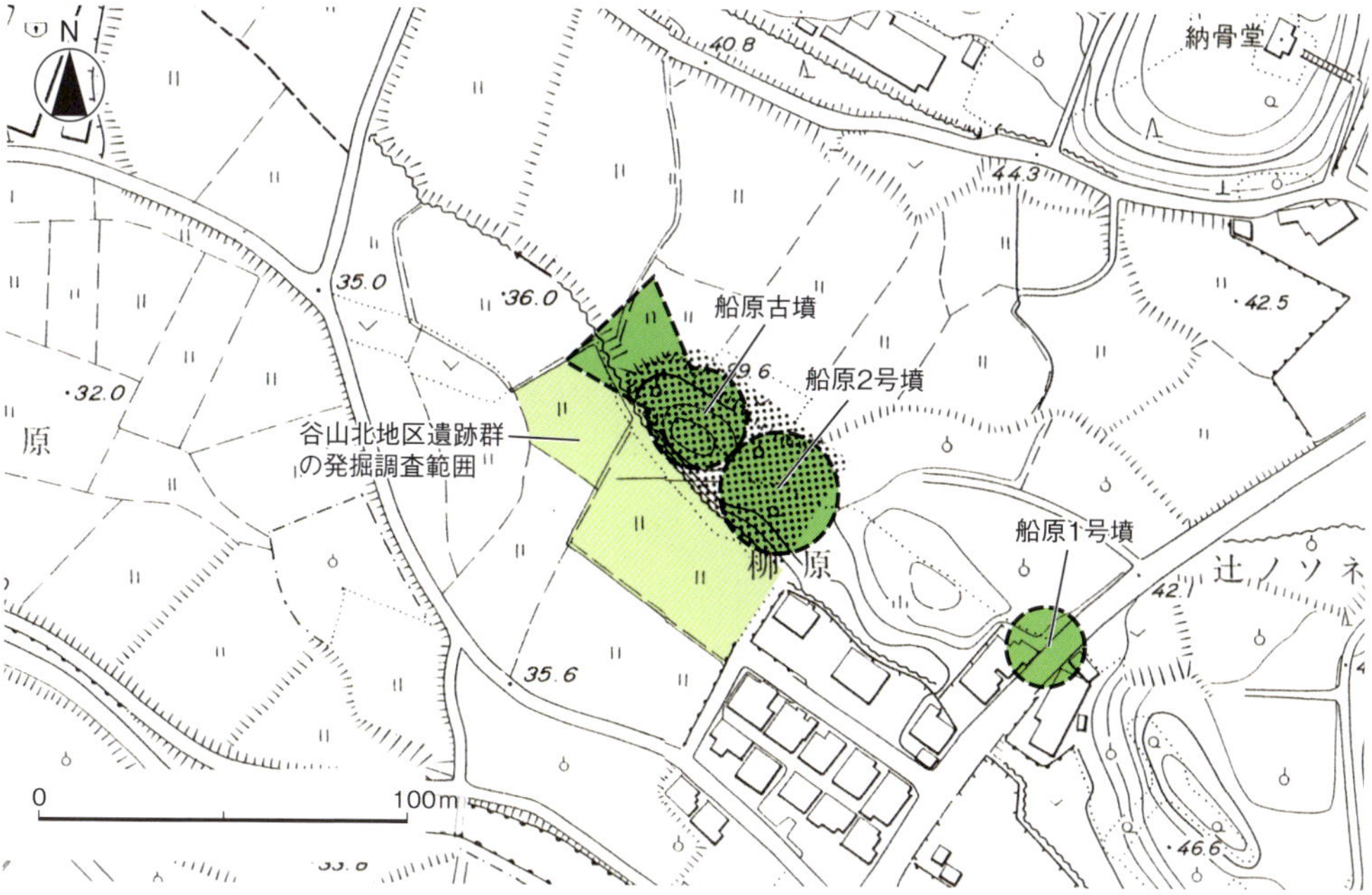

図22● 1996年発掘時の周辺地形
造成工事計画の前におこなった現地調査で船原古墳は発見された。
それ以前はこの場所に古墳があることも知られていなかった。

そうした疑問の目をむけると、周辺の地形も含めてかなり破壊が進んでいるが、どうも前方後円墳のように思えてならない。これは確かめてみる必要があるということで、二〇一四年度から古墳本体の確認調査をおこなうことにした（図23）。

前方後円墳かどうかを確かめるためには、トレンチ調査で墳裾（ふんすそ）を確かめていく方法が一般的だが、船原古墳の場合は後世の改変によって墳裾がほとんど残っていないため、この方法は期待できなかった。そこで、まずは前方部と思しき部分のトレンチ調査で墳丘盛土の有無を確認することにした。

削平によって墳丘を構築する盛土はほとんど残っていない状況だったが、それでも円墳の墳裾と考えていた場所から二〇メートルほど離れた場所で、かろうじて削平をまぬがれた薄い盛土らしき土層を確認することができた。加えて、くびれ部にあたる部分に広めのトレンチを設定したところ、ちょうど前方部と後円部が接続する古墳の形状が

図23 ● 確認調査の様子
遺物埋納坑が発見された翌年、古墳の墳形を確認する調査を実施した。後世に大きく改変されていたが、それでも前方後円墳であることを確認することができた。

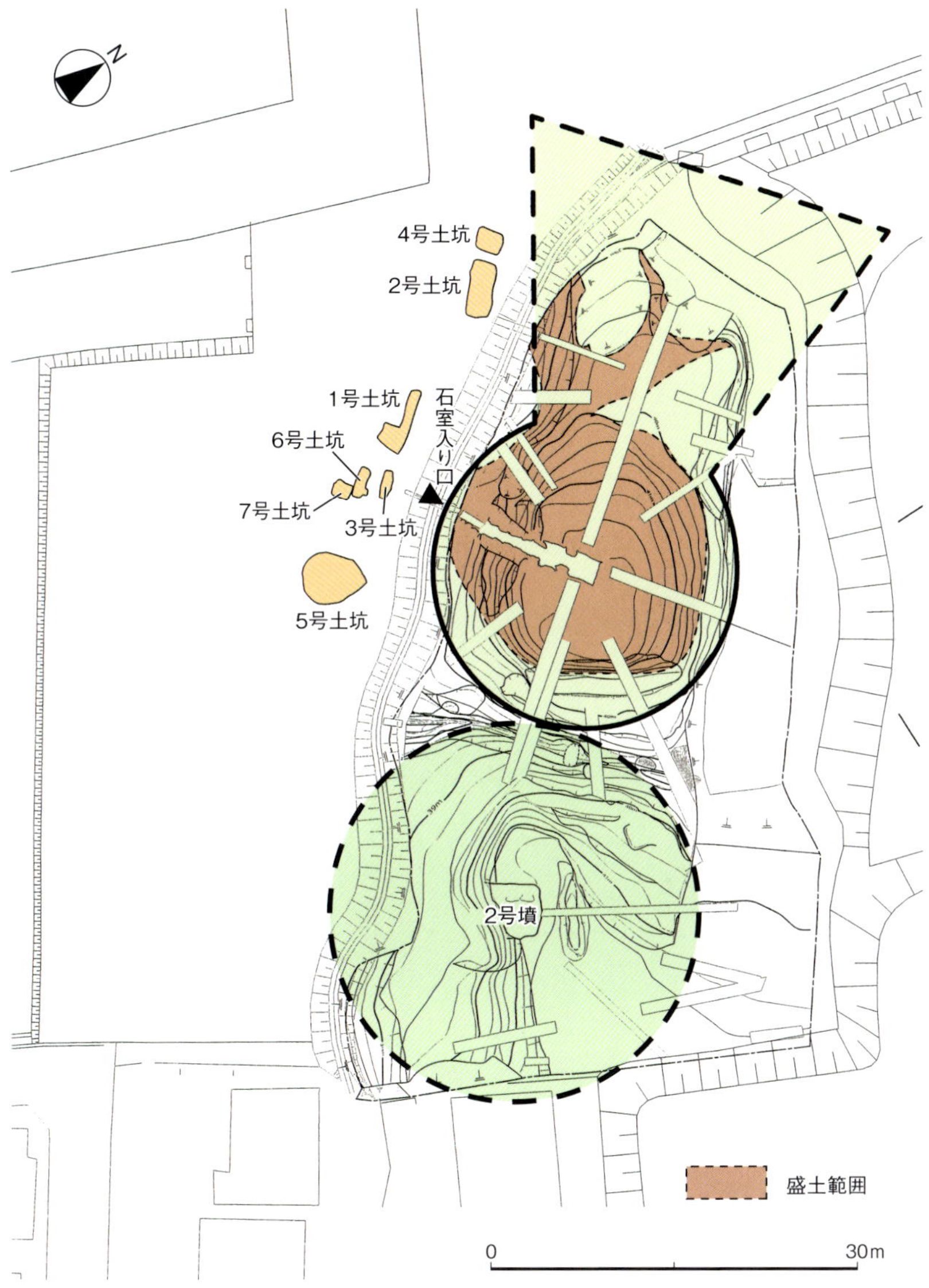

図24 ● 船原古墳の実測図
もとの地形は尾根上の低丘陵だったようだが、後世の改変によって周囲を削られ、2基の古墳がかろうじて残されていた。前方後円墳の西側に、古墳の裾から少し離れて遺物埋納坑が置かれていたことがわかった。

確認できた。加えて、祭祀行為をおこなったことをうかがわせる遺物の集中範囲もみつかった。こうしたことから、船原古墳は前方後円墳だったということが明らかになったのである。

調査の結果をまとめると、船原古墳は海岸線から直線距離で四・七キロ離れた、犬鳴山系から派生する標高四〇メートル前後の丘陵の先端部にある。

前方部を海方向の北西側にむけ、後円部の直径は二四・八メートル、前方部は削られてしまい本来の長さはわからないが、現状で幅一二・六メートル、全長は三七・四メートルである。復元すればおよそ四五メートルと考えられる（図24）。

段築(だんちく)、葺石(ふきいし)は確認されず、墳裾も二号墳との境目以外はほとんど失われてしまっていたため周溝(しゅうこう)を確認することができなかった。地山を削りだして墳裾のかたちを整えた後に盛土をおこなって、古墳の墳形をととのえている。

後円部の墳頂が標高四二メートルであるのにたいして、前方部は後世の削平などを受けたとはいえ三九・八メートルほどしかない。後円部にくらべて前方部の高さが著しく低い前方後円墳は、福岡県内では宗像(むなかた)地域や糸島(いとしま)地域に分布する中小規模の前方後円墳にみられる。船原古墳の形状が異質なのではなく、むしろ宗像地域に近い位置にあるがゆえの地域的類似性とみてよいだろう。

複室構造の横穴式石室

石室は図25のとおり複室構造の横穴式石室である。奥壁や両側の側壁に巨大な石を用いてい

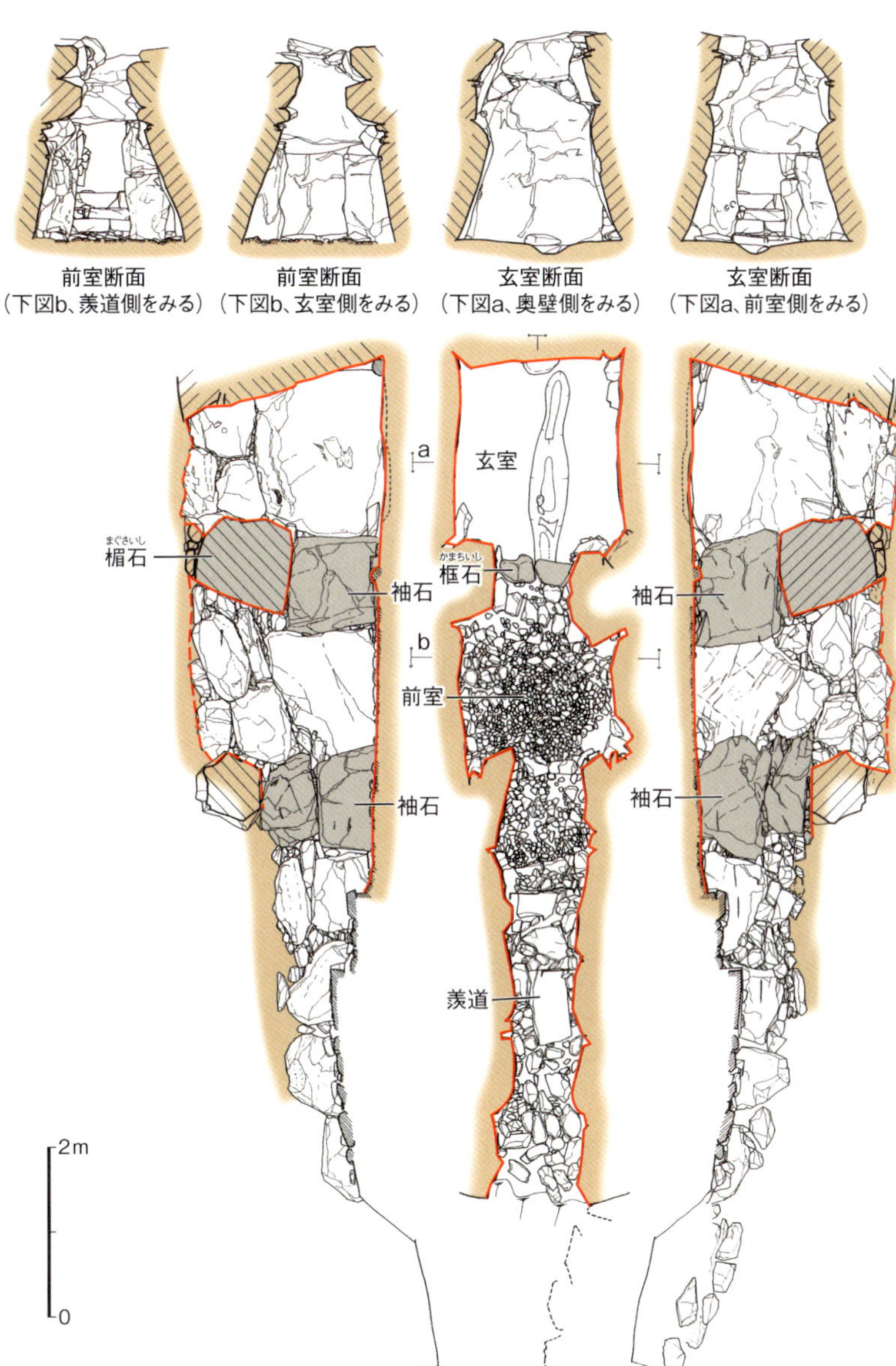

図25 ● 石室の実測図
船原古墳の主体部は、前後二つの石室をもつ複室構造の横穴式石室である。石室の平面形が方形に近いのはこの時期の特徴である。石材には巨大な石が用いられる。全長9.99ｍ、奥室は幅1.98ｍ、高さ2.6ｍ、前室は幅1.85ｍ、高さ2.5ｍ。

る。羨道部は南西方向に直線的にのびている。

複室構造の石室は、九州北部地域では比較的大型の古墳主体部に採用される石室構造で、被葬者は相応の力をもっていたとみてよいだろう。

丘陵を深く掘り込んで石室を構築する手法もやはり宗像地域に多くみられる地域色である。奥壁や側壁に巨大な石を用いるのは、横穴式石室が古墳の石室として採用されるようになった古墳時代後期のなかでも新しい時期の特徴である。石室の平面形や巨石を用いる構造から推察すると、六世紀末から七世紀初頭に造営された古墳とみてよいだろう。

羨道入り口の標高は約三九メートル、遺物埋納坑の遺構検出面の標高は三六メートル前後なので、現状で約三メートルの比高がある。後世の削平を考慮しても、もとから差があったのだろう。つまり、約三メートルの比高は後世の地形の改変なのではなく、古墳時代当時の旧地形をかなり反映している、ということになる。

3　古墳と埋納坑の関係

古墳の墳形を復元してみると、船原古墳の西側にならぶようにして、1号から7号の各土坑が配置されていることがわかった（図24参照）。1号土坑や3号土坑の主軸はおおむね古墳の主軸と同じ方向にあるようだが、2号土坑と4号土坑の主軸が少しずれているのは、前方部墳裾の形状にそって配置されたためと思われる。

2号土坑は1号土坑から七・四メートルほど北側に離れた位置にある。長方形の土坑で、主軸方位は1号土坑とそろわないが、これは古墳の墳裾に方向をそろえたことによるのだろう。3号土坑は1号土坑から二メートルほど南側にある。

これら以外にも、周囲には船原古墳に関連するとみられる土坑が複数ある。上記とあわせて現在までに七つの土坑が確認されているが、遺構の保全のためすべての土坑を掘削したわけではない。七つの土坑に埋納された遺物がすべて明らかになったわけではないが、船原古墳の重要性を知るうえでは、現在までの調査成果ですでに十分すぎる内容である。

古墳の出土遺物

残念ながら船原古墳の石室内部は盗掘されており、一九九六年の調査の段階で、すでに後室内部は床面の敷石さえ残っていなかった。

副葬品もほとんど失われていたが、わずかばかりの出土品のなかには、いままでみたこともないような金銅製品があった（図26）。まるでマッチ棒の頭部のような球

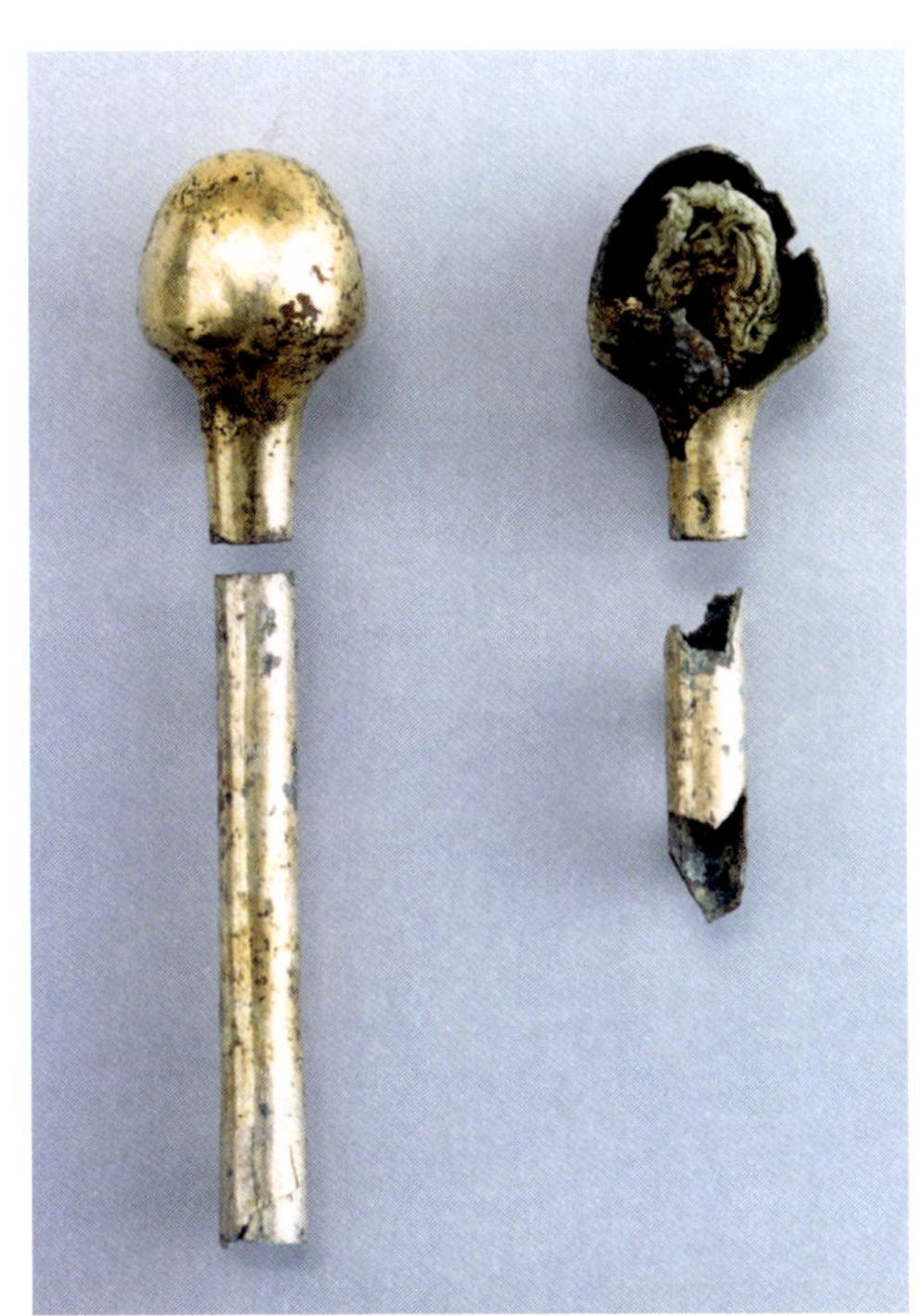

図26● マッチ棒状の出土品
金銅の薄い板を加工した製品。銅板を半球状に打ちだし、つなぎ目は銀蠟（ぎんろう）で張り合わせている。表面は金メッキ、内部は空洞で、頭部には麻布が入れてあった。用途は不明。頭部は直径2.6cm。

状のものに短い筒がついた部品と、同じくマッチ棒の軸のような筒状の部品である。おそらく組み合わせて使用したのではないかと思われる。

丸い頭の部分は中空で、なかには麻布が残っていた。どのように使われていたのか、あれこれ想像してみるがいまもってわからない。

くびれ部付近や墳裾からは複数の土器が出土した。とくにくびれ部は須恵器坏（つき）と土師器（はじき）高坏（たかつき）がまとまって出土した（**図27**）。なんらかの祭祀をおこなった痕跡だろう。

出土土器に関しては、その後の整理作業の結果、重要な所見をえることができた。船原古墳のくびれ部や周溝内から出土した土器が2号土坑の土器と接合したのである。いままで状況証拠の積みかさねで想定していた、船原古墳と遺物埋納坑が一体のものであることは、もはや疑いないものとなったのである。

図27 ● くびれ部で出土した須恵器と土師器
墳裾西側の一カ所からまとまって出土した、須恵器坏8点と土師器高坏3点。ほかに装飾付壺の破片もあった。出土状態をみると、高坏の上に須恵器坏を置いて使用したようだ。脚部の長い土師器高坏は宗像地域を中心に分布しており、宗像地域との関連をうかがわせる遺物である。

第3章　豪華な出土品

1　明らかになった埋納状況

南側、中央、北側の三エリア

古墳の後円部西側に位置する1号土坑は遺物に不自然な乱れがなかったことから、未盗掘であることはまちがいない。遺物の配置は南側、中央、北側のエリアに大きく区分できる（図28）。南側エリアはもっとも遺物が集中するエリアで、土坑の主軸にたいしてやや斜め方向に遺物が密集する。これらの品々は長方形の範囲にほぼ収まるようである。この範囲の東西方向の短辺からは、木質が付着した二種類の鉄釘が出土している。顕微鏡観察による樹種同定から、この木質の樹種はすべてスギであることを確認した。

釘の出土位置を立体的に観察すると、上下二層に分かれており、さらにこの範囲の床面には木材と思われる有機質がひろがっている。これらのことからすると、遺物はスギ材を組み合わ

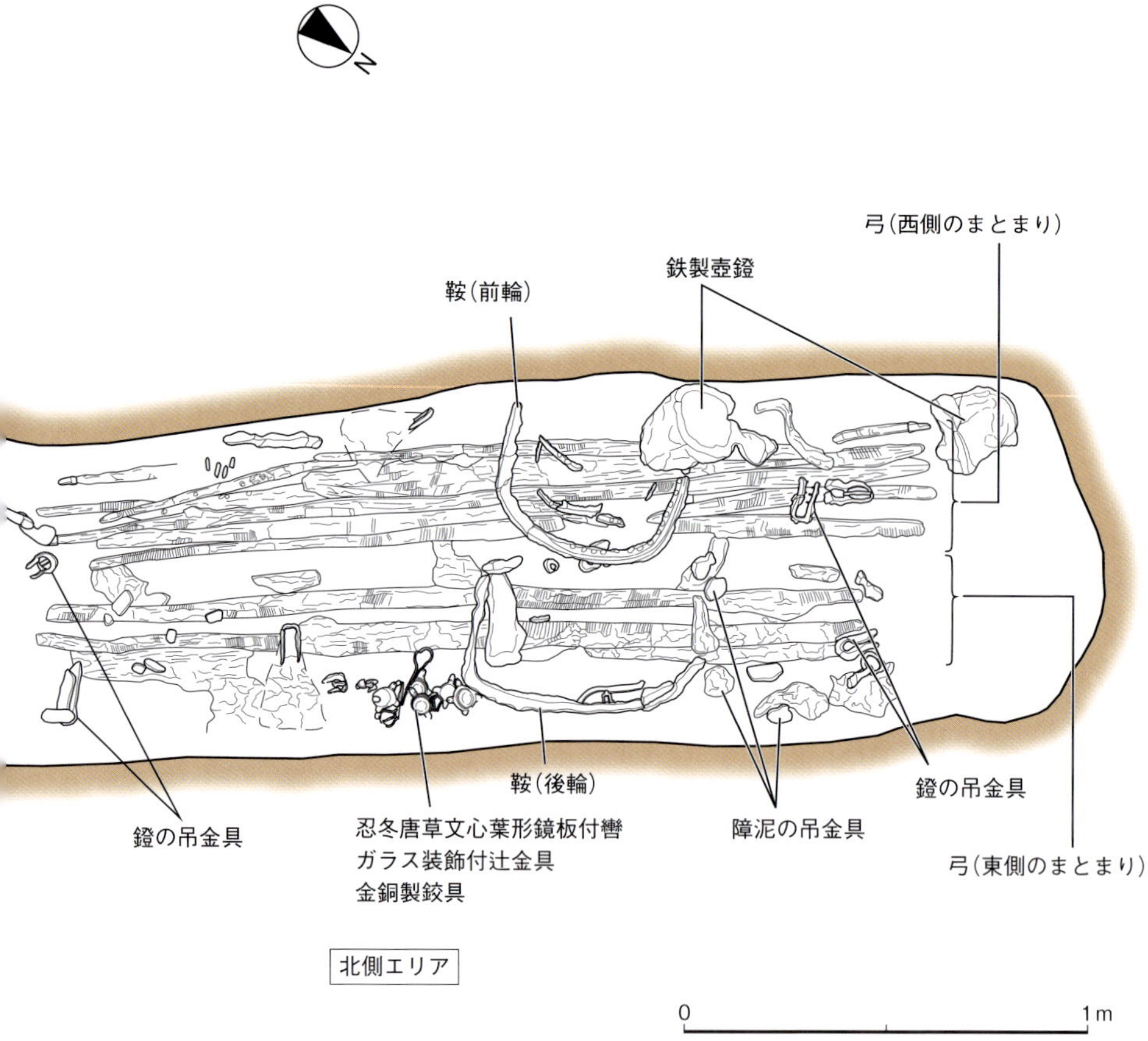

弓(西側のまとまり)

鉄製壺鐙

鞍(前輪)

鞍(後輪)

鐙の吊金具

忍冬唐草文心葉形鏡板付轡
ガラス装飾付辻金具
金銅製鉸具

障泥の吊金具

鐙の吊金具

弓(東側のまとまり)

北側エリア

0 1m

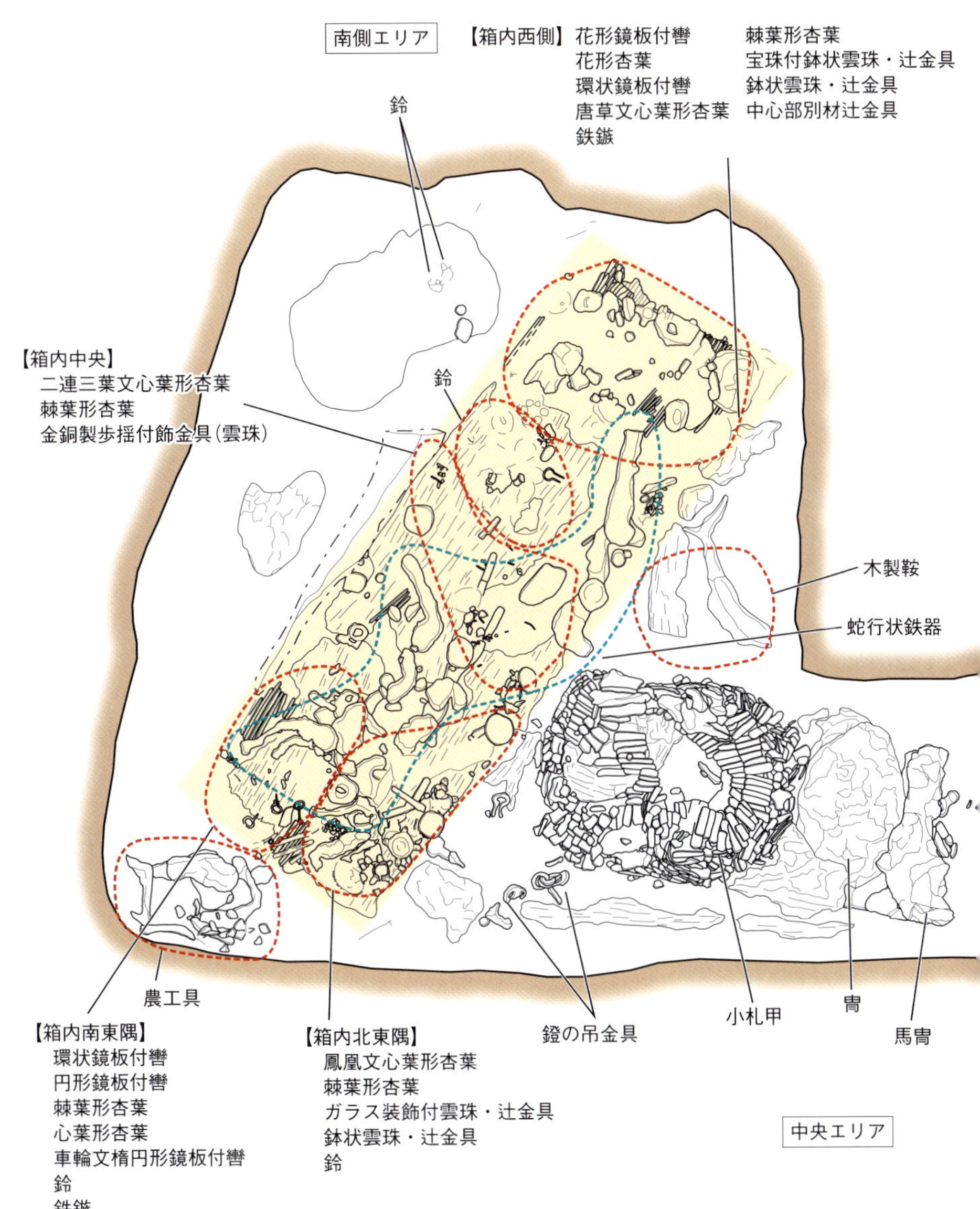

図28 ● 1号土坑の出土状態

遺物は大きく、南側、中央、北側の三つのエリアに区分できる。南側エリアにはスギ材を釘で固定した箱が斜め方向に置かれていた。中央エリアには馬冑と小札甲・冑などの武具が置かれていた。北側エリアは木製漆塗弓が土坑の底近くに複数ならべられ、その上に鞍や鐙、轡、辻金具などが置かれていた。

せて釘で固定した箱のなかに収められていたことがわかった（図29）。

箱のなかには、まず底面に数十本単位の束で合計数百本の鉄鏃を置き、その上に鳳凰文心葉形杏葉をはじめとした馬具類をそれぞれにまとまりをもって納めている。鳳凰文心葉形杏葉には織物の痕跡や木質が、辻金具の脚部裏側には革帯の痕跡が付着している。

箱の外には、漆膜しか残存していない木製鞍がある。ほかにも鉄斧や鉄鎌、埋納坑の掘削作業などに使われたのであろうか鉄製鋤鍬先といった農工具も出土している。

中央エリアからは、裏返しになり鼻頭を西にむけた状態で馬冑がある（図30）。そのとなりには冑（かぶと）と思われる鉄板、さらに小札甲一領とその付属具がある（図31）。

北側エリアでは、床面に木製漆塗弓が東

図29 ● 箱に納められていたような出土状況
土坑のなかの土をていねいに除去していった結果、南側エリアの遺物は長方形の箱に納められていたことがわかった。箱の側壁が一部残る。杉材は土になっているが、有機質を多く含むことで固さや粘質が違うため、まわりの土と掘り別けることができた。箱のなかには馬具や鉄鏃が折り重なるように納められていた。写真上方の箱外は農工具。

図 30 ● 馬冑の出土状況
中央エリアでみつかった馬冑。裏返しになっていたため最初は自信がもてなかったが、側面の形状から馬冑と確信することができた。

図 31 ● 小札甲・冑の出土状況
土坑中央付近。左に小札甲、右に冑が置かれている。冑の上面は漆膜でおおわれているため構造がよくわからない。小札甲は付属具とあわせて 1000 枚ほどの小札が使用されている。小札同士の隙間から漆膜や組紐の痕跡も確認することができた。

西にわけて複数張ならんでいる。西側のグループには木質の保存状態はあまり良くないが両頭金具や銀製弓弭が装着されたものがある（図32）。弓の上には、おもに中央付近にまとまって金銅装の鞍およびこれに付属する磯金具破片、鞍金具や障泥、鐙の鉄製吊金具があるほか、布や革の痕跡が残っている。忍冬唐草文心葉形鏡板付轡やガラス装飾付辻金具といった馬具がまとまっている。

1号土坑の埋納方法

出土位置および有機物の残存状況から1号土坑の埋納方法を推測すると、南側エリアでは土坑の主軸に対して斜め方向にスギ材の箱が置かれている。箱のなかには数百本の鉄鏃が底のほうに置かれ、その上には多種多様な光り輝く馬具がぎっしりと詰め込まれていた。これらは織

図32 ● 木製漆塗弓の出土状況
北側エリアの土坑の底には、何本もの木製漆塗弓が向きをそろえて置かれていた。木質はほとんど遺存していなかったが、両頭金具や弓弭などが弓に装着されたままの状態でみつかった。

物で包む、もしくは敷かれた上に置かれていたようであり、ていねいに納められていたことがわかる。土坑の東隅には農工具がかたまって置かれている。中央エリアには馬冑、冑、小札甲といった武具類がまとめて置かれている。北側エリアは土坑の主軸に沿って幾本もの弓をならべ、その上に馬具を置いている。全体をとおしてみると、個々の遺物はとてもていねいに扱われ、整然とならべられた状態で土坑内に埋納されていることがわかってきた。

それにしても逆L字状という一般的ではないかたちをしているのはなぜなのだろうか。それについては、X線CTをはじめとするデジタル計測技術を駆使して検討していけば明らかにできるかもしれない。いずれにしても、これだけの馬具や武器・武具を集中して土坑に埋納する行為は、それ相応の事情があってのことだろう。

2号土坑の出土状況

1号土坑から北北西に七・四メートル離れた2号土坑の上面には、破砕された須恵器の大甕などが一括で投棄されたようになっていた（図33）。

須恵器を検出した際、この土坑は浅いくぼみのようなものと思っていたが、須恵器をとり上げて精査してみると、その下層にさらに深く土坑がつづいていることがわかった。床面からは、環状鏡板付轡（かんじょうかがみいたつきくつわ）四点と付属する環状の鉄製品、紐状を呈する有機物と思われる痕跡が出土した（図34）。そこで埋土のリン・カルシウム分析をおこなったところ、部分的にリンの含有が高い箇所があり、生物遺体があった可能性が認められた。この生物遺体はいったい何であろう

図33 ● 2号土坑上層の須恵器出土状況
2号土坑の上層には、須恵器の大甕や提瓶、土師器高坏などが細かく破砕された状態で堆積していた。この時点では浅いくぼみのような土坑だと思っていた。のちに甕の破片が古墳本体や他の土坑から出土した破片と接合したことから、これらの遺構が同一時期に属する一連の遺構群であることを証明する結果となった。

図34 ● 2号土坑下層の馬具出土状況
2号土坑下層を掘り下げた状態。床面から、環状鏡板付轡が4点と紐状の痕跡がみつかった。埋土の分析結果で生物遺体があった可能性が高いことから、馬具を装着した馬を埋葬したのではないかと考えられる。

か。分析結果だけでは断定できないが、轡や紐状の痕跡があったことを合わせて考えると、実用的な馬具を装着した馬ではないかと思われる。

3号土坑からは多数の鉄鏃を束にした状態のものが三つと、完全な形の土師器坏が一つ出土した（**図35**）。

2　壮麗な馬具類

1号土坑をはじめ遺物の出土が確認された2号土坑や3号土坑の遺物は、二〇一九年三月の時点で**表1**のとおりである。

船原古墳がいかに多くの品々を有していたか、この表をみるだけでもすぐに理解できるだろう。すべて重要であることはいうまでもないが、ここでは船原古墳の特質や重要性を示す遺物をX線CTによる研究成果をまじえながら紹介していこう。

図35 ● 3号土坑の鉄鏃出土状況
3号土坑は整った形状の浅い土坑である。床面から鉄鏃の束が3束と完形の土師器坏が1点出土した。鉄鏃には有機物が残存していた。

表1●1〜3号土坑のおもな出土遺物

1号土坑

大別	器種	分類	点数	出土位置	本書関連図
馬具	轡(6)	忍冬唐草文心葉形鏡板付轡 花形鏡板付轡 車輪文楕円形鏡板付轡 円形鏡板付轡 環状鏡板付轡 環状鏡板付轡	1 1 1 1 1 1	北側 南側箱内西側 南側箱内南東隅 南側箱内南東隅 南側箱内西側 南側箱内南東隅	図5、43
	鞍(5)	金銅装鞍 木製鞍 (鞍金具の出土状態から推定)	1 4	北側 北側 中央 南側箱外	
	鐙(7)	鉄製壺鐙 木製鐙	1 6	北側 北側 中央 南側箱内北東隅	図4
	杏葉(19)	鳳凰文心葉形杏葉 花形杏葉 二連三葉文心葉形杏葉 唐草文心葉形杏葉 心葉形杏葉 棘葉形杏葉	3 3 1 1 1 10	南側箱内北東隅 南側箱内西側 南側箱内中央 南側箱内西側 南側箱内南東隅 南側箱内各所	図18、44
	雲珠(8)	金銅製歩揺付飾金具(雲珠) ガラス装飾付雲珠 宝珠付鉢状雲珠 鉢状雲珠	4 1 1 2	南側箱内中央 南側箱内北東隅 南側箱内西側 南側箱内北東隅・西側	図19、21、36 図37
	辻金具(25)	ガラス装飾付辻金具 宝珠付鉢状辻金具 鉢状辻金具 中心部別材辻金具	9 5 10 1	北側・南側箱内北東隅 南側箱内西側 南側箱内北東隅・西側 南側箱内西側	図5、37、38
	障泥		1	北側	
	鈴(30)	大 中 小	6 8 16	南側箱内各所 南側箱内各所・南側箱外 南側箱内各所	
	馬冑 蛇行状鉄器		1 3	中央 南側箱内各所	図30、39 図41
武器	鉄鏃		不明	南側箱内各所	図12、46
	弓	弓弭 両頭金具	3 不明	北側	図11、32 図11
武具	小札甲 冑		1 1	中央	図31、48
農工具	農工具(4)	U字形刃先 鉄斧 鉄鎌	1 2 1	南側箱外	図29
その他	釘		34	南側箱内各所・箱外	

2号土坑

大別	器種	分類	点数	出土位置	本書関連図
馬具	轡(4)	環状鏡板付轡 環状金具 方形金具	4 4 8	南東	図34
土器	須恵器・土師器破片		不明	上層	図33

3号土坑

大別	器種	分類	点数	出土位置	本書関連図
武器	鉄鏃		3束	中央	図35
土器	土師器坏		1	中央	図35

金銅製歩揺付飾金具

船原古墳でもっとも注目すべき遺物は、国内に類例のない新発見の馬具として報道でも大きくとり上げられた、金銅製歩揺付飾金具である。合計四点出土している。

復元されたかたちは、唐草文を透彫した六角形の金銅板の中心にドーム状の台座があり、そこから支柱が立っている。支柱からは、傘骨状に八本の吊手がひろがり、そこに歩揺がつく。そして六角形のコーナーごとに金銅板と一体となっているやや小ぶりの支柱が立ち、四本の吊手に歩揺がつく。きわめて精巧なつくりで、まるでシャンデリアのようだ（**図36**）。

国内において金銅製歩揺付飾金具は、さきにみたように沖ノ島や藤ノ木古墳、

図36 ● 金銅製歩揺付飾金具の復元画像
図21の解析結果をもとにコンピュータ上で復元した画像。中央の柱からは傘骨状に8本の吊手が広がり、それぞれに歩揺がつく。六角形の板のコーナーごとに小型の柱が立ち、それぞれ4本の吊手と歩揺がある。きわめて精巧なつくりの逸品である。

そして群馬県の綿貫観音山（わたぬきかんのんやま）古墳などにみられるが、こうしたかたちは前代未聞である。

朝鮮半島に類例を求めると、同一の形状に復元される事例は存在しないが、慶州（キョンジュ）の皇南大塚（ファンナムデチョン）から出土している歩揺付雲珠に支柱と透彫板が一体になっている例がある。台座の透彫が新羅によくみられる唐草文であることも朝鮮半島の影響を示唆するものである。

ガラス装飾付金銅製辻金具・雲珠

もう一つの新発見は、ガラスで装飾された金銅製辻金具と雲珠である（図37）。辻金具が九点と雲珠が一点出土している。

図37 ● ガラス装飾付金銅製辻金具と雲珠
脚部が4つあるのが辻金具、6つあるのが雲珠である。中央部の丸いドーム状になっている鉢は白く風化してしまっていたが、材質を調べたところ鉛ガラスであることがわかった。

中心部にはめこまれたドーム状の鉢は白色で一見するとイモガイの殻のようにみえるが、貝類の殻にみられる層状の痕跡が認められない。蛍光X線分析で材質を調べたところ、鉛や珪素（けいそ）が含まれていたことから、この中心部が鉛ガラスであることが判明した。

風化が進んでいたため残念ながら当時の色彩は残っていなかったが、同時期のガラス製玉類の研究成果をふまえると、ガラスの色は緑色か黄色であることが推察できる。福津市の宮地嶽古墳から出土した板状の鉛ガラスが緑色であることから、この辻金具・雲珠に使われたガラスも緑色であっただろうと推測するにいたった。

構造も特徴的で、縁を丸く折りあげたドーム状の銅板が鉛ガラスを後ろから支えるように重ねてあり、金銅製辻金具・雲珠の鉢部分の裏からはめ込まれている。輪金（わがね）自体は厚みがあり、精巧かつ重厚なつくりである（**図38**）。

図38 ● ガラス装飾付金銅製辻金具の復元画像
ガラスは風化が進んでいたため本来の色はわからないが、同時期の遺跡から出土する鉛ガラスの色を参考にして、緑色に復元した。ガラスを後ろから支える丸い銅板の構造も特徴的である。

ガラスで装飾された辻金具や雲珠の類例は、慶州の皇南大塚や金冠塚(クムガンチョン)などにあり、慶州の王陵ではほかに杏葉や剣の装飾に使われた例がある。製作技法の観点からみると、ガラスで馬具を装飾する技術は新羅に多く分布する。皇南大塚や金冠塚は濃紺色のガラスだが、船原古墳の辻金具、雲珠は新羅地域に系譜を求めてよいだろう。多くの馬具のなかでも、朝鮮半島との交流の可能性をうかがわせる象徴的な遺物といえる。

馬冑

馬冑は、大型の鉄板を組み合わせてつくったものである(**図39**)。和歌山県の大谷(おおたに)古墳(**図40**)や埼玉県の将軍山(しょうぐんやま)古墳につづいて国内三例目となる。

馬の頭にかぶせた半筒形の面覆部(めんおおいぶ)、後方の庇部(ひさしぶ)、面覆部の両側からたらした半円形

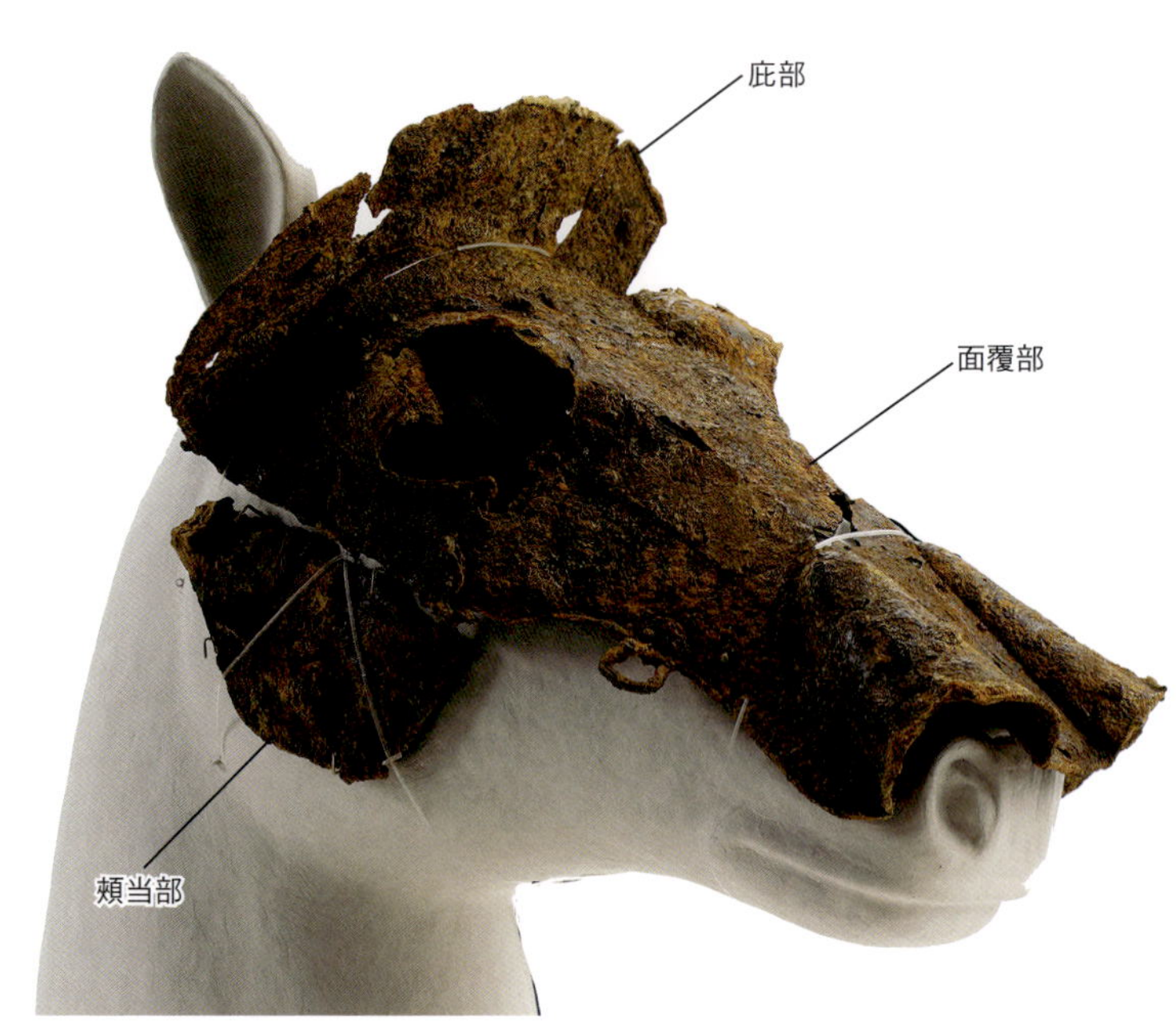

図39 ● 1号土坑出土の馬冑
船原古墳でみつかった馬冑は、国内では3例目である。上板が1枚の鉄板でつくられているのが特徴で、頬当の形状や鉸具の位置は異なっている。面覆部は3枚の板を鋲で留めており、眼孔の上後方と鼻先は曲面的に裏から打ち出して立体的に仕上げている。

の頬当部の大きく三つのパーツで構成され、面覆部と庇部の鉄板は鋲でとめている。馬の鼻先から庇部の根元までの上板が一枚の羽子板形の鉄板でつくられているのが特徴的だ。国内では大谷古墳のもの、朝鮮半島では慶尚南道の玉田古墳群、慶州の皇南洞古墳群のものと近い。

眼孔と鼻先は、内側から打ちだして曲面にし、立体感を生みだしている。そして馬の頬の部分にあたる頬当部は、蝶番を用いてたらし、馬冑を馬に固定するための革帯をとり付ける鉄製の鉸具は、面覆部、庇部、頬当部それぞれに計六カ所ある。全体的に流れるようなフォルムで、実用性と美しさを兼ね備えたデザインである。

馬冑は、さきにのべた国内の二つのほか、朝鮮半島から二〇例前後出土しているが、鼻先を大きく打ちだし眼孔部を内側か

図40 ● 和歌山県の大谷古墳出土の馬冑
上板が一枚の鉄板でつくられており、全体的なフォルムも船原古墳の馬冑とよく似ている。鼻先の形状や眼孔部の構造、鋲留の数は異なっており、船原古墳よりも古い時期の特徴を備えている。

ら大きく打ちだす特徴やとめる鋲の数が、朝鮮半島出土例にくらべ顕著に少ないことから、船原古墳の馬冑は新しい時期に位置づけられ、技術的にもっとも成熟した段階に製作されたものとみられる。

蛇行状鉄器

1号土坑からは蛇行状鉄器（だこうじょう）も三点出土している（図41）。蛇行状鉄器とは馬の鞍の後ろにとり付け、先端の筒状部分に旗などをさして使った馬具で（図42）、国内において一つの遺跡から出土した量としては最多である。これまで国内でみつかった蛇行状鉄器の総数が一〇点前後であることを考えると、船原古墳の凄さがあらためて実感される。

1号土坑の蛇行状鉄器で注目すべき点は、馬冑との関係である。国内の出土例の一つである将軍山古墳では、二点の蛇行状鉄器とと

図41 ● 蛇行状鉄器の出土状況
南側エリアに置かれたスギ材の箱のなかから出土した。銹でおおわれてしまっているのでわかりにくいが、その名が指し示すとおり、曲がりくねった形状である。馬にとり付ける旗を装着するための馬具。

もに馬冑が出土しており、朝鮮半島では慶尚南道の玉田古墳群で、やはり複数の馬冑とともに蛇行状鉄器が出土している。これらから類推して、蛇行状鉄器は馬冑とセットで扱われていたものと推測することができる。一方、1号土坑での出土状況をみると、円形鏡板付轡や花形鏡板付轡・杏葉が蛇行状鉄器に隣接した状態で埋納されていたことから、蛇行状鉄器を装飾のための馬具と組み合わせて装飾品としてとり扱っていた可能性も考えられる。

轡と杏葉

轡も多様なものが出土している。なかでも忍冬唐草文心葉形鏡板付轡は鏡板に緻密な文様が彫り込まれた装飾性の高い馬具である。

この鏡板は、金銅張の地板鉄板に文様板と縁金（ふちがね）を重ねて、鋲でとめる構造である。鋲は四四カ所あるが、X線CTによる画像をみると固定のための鋲は一〇カ

図42●埼玉県行田市の酒巻14号墳出土の馬形埴輪
鞍の後ろから伸びている、曲がりくねった筒状の器物が蛇行状鉄器で、ラッパのように広がった部分をソケットにして、旗を指して使われていたことがわかる。

所で、そのほかは飾り鋲である。文様は薄肉彫りによって立体感をだすなど豪華さのなかにも精巧さを備えている（図43）。

鳳凰文心葉形杏葉は中央に鳳凰がむかいあうデザインで（図44）、奈良県の珠城山三号墳出土のものと類似している（図45）。船原古墳のものと珠城山三号墳出土のものの構造技法をX線CTデータにより比較検討したところ、基本的な構造技法はほぼ同一であることがわかった。

文様・構造の同一性から、両者が同一系譜上にあることはまちがいないが、細部の製作技法

図43 ● 忍冬唐草文心葉形鏡板付轡のＣＴ画像と復元画像
X線CTで撮像すると、唐草文を配した透彫板の上から縁金を被せていることがわかった。縁金の周囲にある円形のものが鋲で、固定のために留めてある鋲は10カ所で、そのほかは飾りである。

を観察するとちがいがある。文様板に施される金工技術の面では、珠城山三号墳のもののほうが精緻で、船原古墳のものは簡略化された感がある。薄肉彫りによる精緻な文様をつくりだす技術などから、珠城山三号墳のものは船載の新羅系の杏葉とみなされている。船原古墳のものは製作地に検討の余地を残すものの、同一の基本構造や製作技法から同様に新羅系としてよいものであり、技術的には珠城山三号墳から後続するものであろう。

図44 ● 鳳凰文心葉形杏葉の復元画像
鳳凰がむかいあうデザインで、奈良県の珠城山古墳出土品と非常によく似ているが、細部を詳細に比較すると、若干簡略化された感がある。やや時期が降るものと考えられる。

図45 ● 珠城山三号墳出土の鳳凰文心葉形杏葉
船原古墳出土品とよく似ているが、毛彫りなどの細部はこちらのほうが精緻につくられているようである。技術的系譜は新羅にあるとみてよいだろう。

3 みのがせない武器・武具

以上のように1号土坑では数多くの馬具の存在感に圧倒されるが、武器や武具の存在もみのがすことはできない。

1号土坑の南側エリアには、両刃の長頸鏃（ちょうけいぞく）を主体とした鉄鏃が、数十本単位の束で複数埋納されていた。合計数百本という数にのぼる（図46）。

これら鉄鏃については、残存する有機物が注目できる。有機物には矢柄などに用いられた漆膜のほか、表面が木質や繊維、皮革でおおわれ、鉄製で鋲を有した金具をともなっているものもある。これは矢を携行する道具の胡籙（ころく）（盛矢具（せいしぐ）、図47）に入れた状態で埋納していたことを示すものであり、当時の武装を復元するうえで有益な有機質情報である。

また、北側エリアの床面には木製漆塗弓が出土した。木部は朽ちはてて失われてしまい、残るのは漆膜のみだが、弓の両端につける両頭金具や銀製弓弭が装着された状態のものがあった。弓自体の発見も貴重だが、単体で出土することが多い両頭金具や弓弭の装着状態が埋納当時の状況で示されたことで、当時の弓の姿の復元に大きな期待を抱かせる発見になった。

また、小札甲も一領、埋納当時の状態をとどめていた（図48）小札の数は一〇〇〇枚にのぼる。上部を折り曲げた脇の部分の小札のほか、肩甲（かたよろい）の小札と考えられる個体があるなど、付属具も含まれていると考えられる。織物や綴りの組紐も残っており、どのような姿かたちに復元できるのか、この先の展開が期待できる。

図46 ● 南側エリアでみつかった鉄鏃の束
きれいに方向をそろえた状態で出土した。表面には木質や繊維・皮革の痕がみられ、鋲留めのある鉄製金具が付着していることから、胡籙に入れたままの状態でスギ材の箱のなかに納められたものであることがわかった。

図47 ● 胡籙（盛矢具）の復元例
写真は大阪府高槻市の今城塚古墳から出土した胡籙をもとに復元された品。船原古墳では胡籙自体はほとんど腐朽しているため細部の形状はわからないが、おおよそこのような形状だったのだろう。

同じ時期の小札甲で気にとめておきたい出土例に、五九三年に埋納された奈良県飛鳥寺塔心礎出土品がある（図49）。ここでは船原古墳と同様、小札甲が蛇行状鉄器、馬鈴といった馬具とともに埋納されている。飛鳥寺での埋納儀式が明らかになることで船原古墳での埋納行為の理解につながるかもしれない。

このように馬具に劣らず、武器・武具も数多く埋納されていることがわかった。このことは船原古墳の被葬者像に対外交渉とともに、軍事的な力を考えるべきことを物語っている。

出土品が示すこと

以上、1号土坑に埋納された遺物をみてきたが、これらの出土品にはいくつかの特徴をみいだすことができる。

大量の馬具のうち、国内で新発見の金銅製歩揺付飾金具やガラス装飾付金銅製辻金具・雲珠

図48 ● 発見した当初の小札甲
当初は無秩序に折り重なったような状態だったため、甲かどうか判断ができなかった。調査が進み小札を上から少しずつとり上げていくと、ようやく甲とわかる全容が下からみえてきた（図31参照）。小札と小札のあいだには漆膜や綴りの組紐も残っていた。

は、朝鮮半島、とくに新羅の影響を色濃く反映し、技術的にきわめて高い水準のものである。一方、花形鏡板付轡や杏葉は、朝鮮半島や中国ではみられない国内産のものである。つまり、朝鮮半島とのつながりの深い馬具と国内産の馬具が共存して埋納されているのである。

このことは船原古墳の被葬者が朝鮮半島を含む広い地域と交流していたことを示唆し、内外に広くネットワークを形成していることをうかがわせる。さらに大量に埋納された鉄鏃や漆塗弓、小札甲、冑は、六世紀においても九州北部地域に相応の軍事力が置かれていたことを示唆するのかもしれない。こういった点に船原古墳が築かれた時期の様相、さらには被葬者像を明らかにする鍵がありそうである。

次章では、六、七世紀の糟屋（かすや）地域とそれをとりまく九州北部地域の動向から、船原古墳の被葬者にせまってみよう。

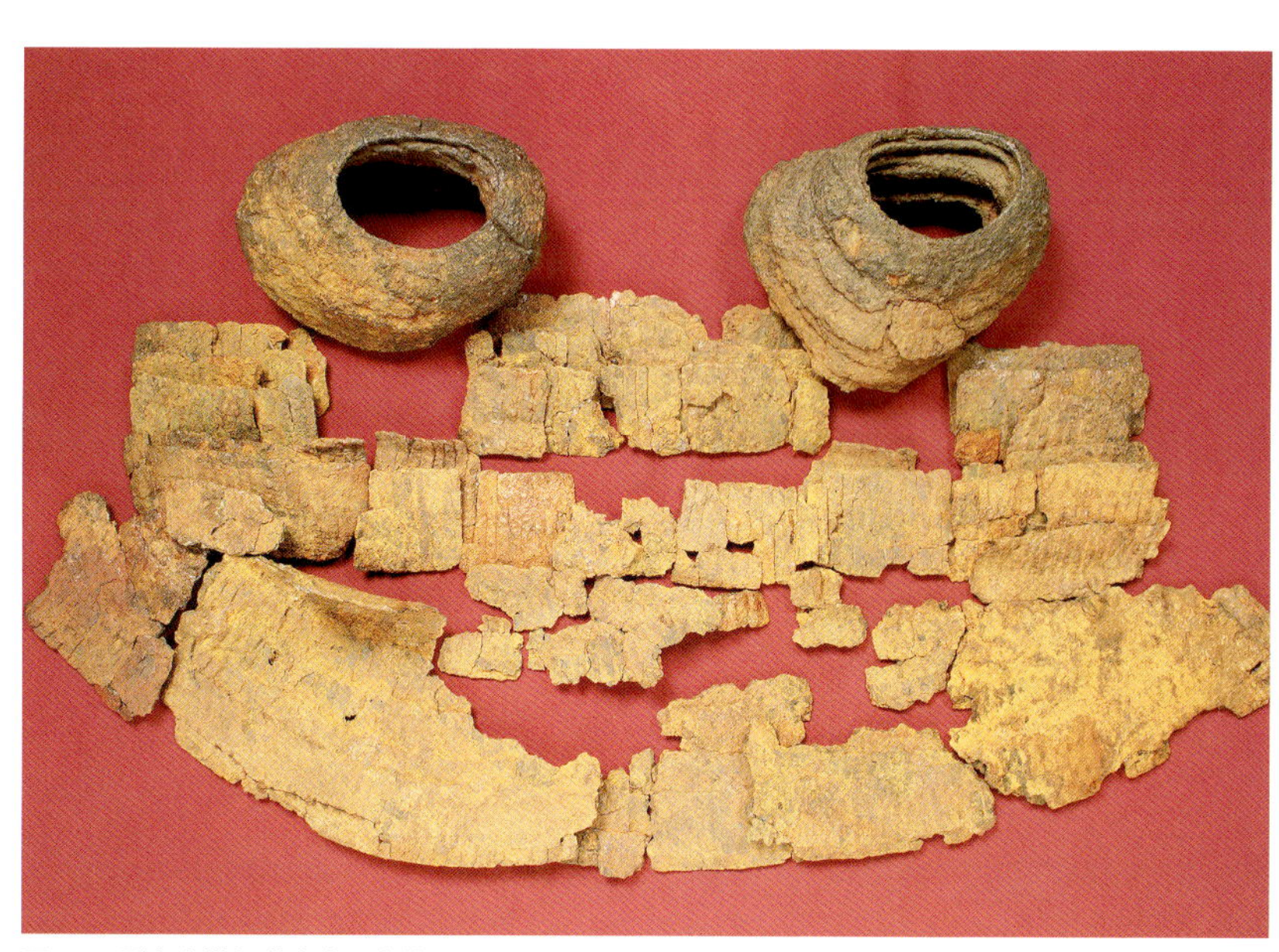

図49 ● 飛鳥寺塔心礎出土の小札甲
古墳出土品ではないが、写真の小札甲のほか蛇行状鉄器や馬鈴などの馬具とともにみつかっている。船原古墳とよく似た組み合わせであり、ともに土中に埋納されたものである点が興味深い。

第4章　船原古墳の被葬者

1　糟屋という地域

なぜここに豪華な副葬品のある前方後円墳が

船原古墳について、調査で明らかになったことをあらためてまとめてみよう。

船原古墳は六世紀末から七世紀初頭ごろにつくられた糟屋北部地域で唯一の前方後円墳である。墳丘長は現存で三七・四メートルあり、主体部は巨石を使用した複室構造の横穴式石室である。残念ながら石室の副葬品は盗掘によってほとんど失われていた。

この古墳の最大の特徴は、古墳の墳裾から五メートルほど離れた位置に多数の遺物を納めた埋納坑が複数みつかった点にある。1号土坑には多種多彩な馬具や武器・武具が箱に納められて埋納されていた。その豪華さは圧巻で、国内ではトップクラスの質・量を誇っている。金銅を用いた装飾性の高い国産馬具ばかりでなく、朝鮮半島で製作された可能性のある馬具も多い。

こうした内容からすると船原古墳の被葬者は、それまで有力な首長を輩出してこなかったこの地域において、六世紀末から七世紀初頭ごろに急に頭角をあらわし、前方後円墳を造営できるだけの力をえることができた人物で、高度な技術によって生産された貴重な国産馬具や舶来の新羅系馬具を多く入手できるだけのつながりをヤマト王権や朝鮮半島と有していた、ということができるだろう。

ではいったい、船原古墳の被葬者は、なぜこの時期に、これだけの力とつながりをもつことができたのか。それを知る手がかりをえるためには、船原古墳をとりまく周辺の遺跡に目をむける必要がある。

糟屋郡とは

船原古墳のある古賀市は、旧郡単位でいえば糟屋郡に属している。糟屋郡は、古くから日本の対外交流の窓口として栄えてきた国際貿易港博多を擁した福岡市と、世界遺産『「神宿る島」宗像・沖ノ島と関連遺産群』の所在地として近年にわかに脚光を浴びることとなった、かつての神郡宗像（現在の宗像市・福津市）とのあいだにはさまれた地域である（**図1参照**）。「糟屋」の名の由来は不明だが、その歴史は古い。五二七年に筑紫国造磐井が反乱を起こし、鎮圧後に磐井の子の葛子が「糟屋屯倉」をヤマト王権に献上したという『日本書紀』の記述が歴史上の初出である。

ついで京都の妙心寺に、「戊戌年四月十三日 壬寅収 糟屋評造春米連廣國鋳鍾」という銘のある国宝の梵鐘がある。これは戊戌年、つまり六九八年に春米連廣國という糟屋評の長官だった人物が、この鐘を鋳造させたことを記したものである。

近年、福岡空港にほど近い粕屋町の阿恵遺跡群で、この糟屋評と目される政庁跡と倉庫跡ならびに付随する官道跡がそろって発見され、文字資料を裏付ける重要な発掘調査成果として大いに注目を浴びた（図50）。糟屋郡の歴史は断片的ではあるが、しだいに明らかになってきている。

糟屋北部地域の歴史性

博多を擁する福岡地域と古代氏族胸形氏の本拠地である宗像地域にはさまれた位置にあって、歴史の表舞台にはあまり登場することのない糟屋地域だが、じつは重要な遺跡や豊富な副葬品を備えた古墳が少なく

図50 ● 阿恵遺跡群の政庁跡遺構
近年、粕屋町で発見された古代の官衙遺跡。長舎形建物が四角く配置された政庁域と、大型の総柱建物群が整然と並ぶ正倉域、そして官衙にいたる古代の道路がセットで発見された。

ない。

糟屋北部の海浜部にある新宮町の夜臼貝塚は、学史上重要な位置を占める遺跡である。アジア太平洋戦争の終戦後、民主化が謳われる風潮のなかで日本の歴史を科学的、実証的に解明するという目的のもと、全国各地で本格的な学術発掘調査がおこなわれるようになったが、夜臼貝塚の発掘調査もその一つであった。

夜臼貝塚は縄文時代の終わりごろの土器が出土することで古くから知られており、一九五一年八月、福岡高校の森貞次郎教諭が発掘調査し、それ以来、縄文時代晩期の夜臼式土器の標式遺跡として研究者に知られることとなった。

この夜臼貝塚や近隣の三代貝塚など付近一帯の遺跡群は、のちに「夜臼・三代地区遺跡群」と称され（**図1参照**）、一九九〇年から翌九一年にかけて大規模な発掘調査がおこなわれた。中国東北部の流れをくみ朝鮮半島から伝播したと思われる、半環状の把手がついた土器や、朝鮮半島南部で製作されたとみられる天河

図51 ● 夜臼・三代地区遺跡群出土の朝鮮半島系土器
古墳時代の甕で、朝鮮半島特有の叩き文がみられる。

石製の勾玉など、弥生時代の朝鮮半島系遺物の出土が目を引いたが、そればかりでなく、この遺跡からは、古墳時代中期の朝鮮半島系土器も複数個出土している（図51）。朝鮮半島の要素が色濃くみられた遺跡として注目される。

2　船原古墳前夜の糟屋地域

副葬品の豪華な中期古墳

古墳時代中期の糟屋地域、とくに船原古墳のある糟屋北部では、注目すべき古墳が造営される（図1参照）。それは古墳の規模ではなく副葬品の豪華さの面からだ。

新宮町内の海をみおろす丘陵上にある直径約二〇メートルの円墳、人丸古墳では、主体部の箱式石棺内に鉄剣や鉄鏃、刀子、鉄針、臼玉、竪櫛、琴柱形石製品、銅鏡が副葬されていた。この古墳は古くから人びとに知られていたらしく、江戸時代の地誌にも「人丸墓」という記述がある。棺内はまったく盗掘されておらず、非常に良好な状態で副葬品が確認されたのだが、直径二〇メートルの古墳にしては副葬品が豊富である。

また、同じ新宮町内で、人丸古墳から一キロほど内陸部にある直径一四メートルの円墳、大森七号墳では、主体部の竪穴系横口式石室内から、朝鮮半島で製作され海を越えて日本列島に持ち込まれたとされる三葉環頭柄頭をはじめ鉄刀、鉄剣、鉄鏃、刀子などが出土した。

船原古墳と同じ古賀市内にも注目すべき古墳が少なくない。たとえば、古賀市の海岸線から五〇〇メートルほど内陸の海岸をみおろす段丘上には、三基の円墳からなる花見古墳群が形成された。三基とも直径二〇メートルに満たない、それほど大きくない古墳時代中期の円墳である。主体部はどれも割竹形木棺で、1号墳からは銅釧、鈴、鉄剣、鉄刀、鉄斧、鉄鎌が、2号墳からは玉類、琴柱形石製品、櫛が、3号墳からは鏡、玉類、鉄斧が出土した。古墳の規模に比して副葬品は際立って豊かである。

　花見古墳群から五〇〇メートルほど内陸側の台地上には、総数三二基の円墳からなる千鳥古墳群がある。直径は六～二〇メートルとそれほど大きくないが、埴輪をもった14号墳をはじめ、豊富な鉄製刀剣類、玉類を副葬した21号墳、鉄剣、鉄鏃、朝鮮半島で製作された金銅製垂飾を副葬した22号墳など、やはり副葬品の華やかさが目立っている。

　この地域における中期古墳の白眉は永浦古墳群である。永浦古墳群は古賀市の南方にある立花山に水源をもち、市内を貫流して玄界灘へと注ぐ花鶴川左岸の、海がみわたせる丘陵頂部にある。群中の盟主墳である4号墳は、周溝を含めて直径二三～二七メートル程度の円墳で、主体部の箱式石棺の内外には横矧板鋲留眉庇付冑や三角板鋲留短甲、頸甲や肩甲を含む武具一セット、鉄剣五点、鉄刀七点、鉄矛一点、鉄鏃七群一五〇点のほか、金環、小壺、鉄製工具が多数副葬されていた（図52）。

　これらの古墳群は、いずれも海浜部に近い丘陵上に位置し、古墳の墳形や規模にたいして副葬品が華やかで多彩である。また、なかには朝鮮半島に由来する出土品もみられることから、被葬者たちは交易も生業の一つとし、ヤマト王権や朝鮮半島とつながりをもって豊富な鉄製武

図52 • 永浦4号墳の副葬品
古墳の規模からみて破格の内容を誇る。武具一セットだけでなく、多数の鉄製武器や工具が納められていた。豊富な副葬品の背景には、やはりヤマト王権の存在があるのだろう。

器・武具類を入手することができ、あるいは私的に富を蓄え、自身の墓に豪華な品物を副葬することが可能だった、と考えてよさそうである。

花見古墳

一九五五年三月、九州大学が発掘調査した花見古墳も、古墳時代後期から終末期にいたって船原古墳が出現した意味を考えるうえで無視できない。先述の花見古墳群から七〇〇メートルほど南に位置する古墳である。どちらも同じ花見地域にある古墳だが、群構成としては分けて扱ったほうが適当である。

花見古墳が発見された一帯は砂丘がひろがっており、この古墳も砂丘の地下、二メートル以上の深さに没していた。墳丘の規模は不明だが、石室は単室の横穴式石室であることが知られている。時期は六世紀中葉ごろと考えられている。

出土品には金銅装刀子（**図53**）や銅鋺（どうわん）、金銅

図53 ● 花見古墳出土の金銅装刀子
花見古墳からは銅鋺や金銅装馬具、銀象嵌の刀装具といった、きらびやかな副葬品が出土している。なかでも金銅装刀子は九州地方ではほとんど出土例がない逸品である。

装馬具、銀象眼をほどこした刀装具などがある。光輝く金銅装の武器や馬具は、実用品というよりもむしろ加飾効果を意図したものであり、朝鮮半島では新羅でとくに多く製造され、のち日本国内でもつくられるようになった。金銅製品は被葬者のステータスを示す遺物といってもいい。出土する古墳も首長墳や大規模古墳などに偏る傾向にある。

とりわけ花見古墳から出土した金銅装刀子は九州地方ではほとんど出土例が知られておらず、銅鋺も九州地方での出土例は限られている。花見古墳は、古墳の規模や形状などがあまりよくわかっていないが、出土品からみるかぎり、稀少性の高い珍品をもつことができた有力な被葬者の姿を想像することができるだろう。

鹿部田渕遺跡と相島積石塚群

古墳のほかにも、この地域の古墳時代を語るうえでは欠かせない重要な遺跡が二つある。古賀市にある鹿部田渕遺跡と、新宮漁港からフェリーで二〇分、玄界灘に浮かぶ周囲六・四一キロの小島、相島の積石塚群である。

鹿部田渕遺跡は急速に宅地化が進む鹿児島本線沿線の市街地のなかにある。これまでの発掘調査によって、台地の東西を溝で区切った内側に、六世紀中ごろから七世紀初頭の大型掘立柱建物四棟がL字状に配置されていたことがわかっている（図54）。

大型の掘立柱建物群のみで構成され、竪穴建物など居住のための施設をもたないこのような遺跡は普通の集落遺跡ではなく、のちの律令時代における官衙のような公的施設ではないかと考えられている。

古墳時代の公的施設として思い浮かぶのは、ヤマト王権が地方支配の拠点として設置した屯倉であろう。さきにもふれたとおり、磐井の乱の後、筑紫君磐井の息子である葛子が父の罪に連座して誅せられることを恐れて「糟屋屯倉」を献上し、死罪をまぬがれた、という記述が『日本書紀』にあるが、鹿部田渕遺跡がその「糟屋屯倉」とかかわりがあるのではないかとみる意見もある。

出土遺物のなかには朝鮮半島系の遺物も複数含むことから、対外交易もおこなっていたことがわかる。漁労具なども出土しており、海をなりわいとする人びとが往来するような施設だったのだろう。

図54●鹿部田渕遺跡の大型掘立柱建物群
区画整理事業にともなう発掘調査によって複数の掘立柱建物がみつかった。写真下中央が「総柱建物跡」、その左上が「廂付側柱建物跡」、上方が「側柱建物跡」。出土遺物から、古墳時代後期〜終末期に比定される。この時期は船原古墳の被葬者が生前に活躍していたころに重なる。「糟屋屯倉」とみる意見もある（県指定史跡）。

相島の南東部には、円礫によって形成された海岸線が長さ六〇〇メートルにわたってつづいているが、ここに四世紀末から七世紀にかけて円礫を積みあげた墳墓群が相島積石塚群である（図55）。

発掘調査では、総数二五〇基を超える積石塚が確認されている。前方後方形の一二〇号墳が群中の盟主的存在で、周囲には円墳や方墳、墳丘をもたない石棺墓などさまざまな形態の墳墓が展開している。

島の海岸部に占地して累々と形成され、朝鮮半島で製作された縄目文様をもつ土器片がいくつもみつかっていることから、海洋航海に長け国内外との交易を生業にした海人集団が長期にわたって形成した積石塚群と目されている。

相島積石塚群の存在は、糟屋北部地域一帯を含めて古墳時代には玄界灘沿岸地域に多数

図55 ● 相島積石塚群
相島は新宮町の海岸から8kmほど沖にある、面積1.25km²の小さな島。宗像の海岸がみわたせる島東部の海岸域に、総数250基を超える積石塚が形成されている（国指定史跡）。

の海人集団が活躍し、朝鮮半島との交流をさかんにおこなっていたことを裏づける。

船原古墳前夜の糟屋北部地域

以上のように、古墳時代中期から古墳の築造がさかんになる糟屋北部地域では、古墳の規模や形状から分析するかぎり、前方後円墳が造営されず、有力な在地首長層は形成されなかったとみてまちがいないだろう。一方で、出土した副葬品に注目してみると、古墳の規模にしては不相応ともいうべき豪華な出土品が目立っている。眼下に海をみわたせる立地に古墳を造営していることから、海に深く関連し、生業とした人びとだったであろうことは容易に察しがつく。

古墳時代中期、糟屋北部地域の人びとは、海を介した生業によってヤマト王権や朝鮮半島とかかわりを深め、貴重な珍品を入手できたのだろう。古墳時代後期の花見古墳にみられる副葬品の豪華さは、その後登場する船原古墳の副葬品の破格の質・量とも重なりあってくる。船原古墳の登場を理解するうえで、花見古墳は糟屋北部地域の中期の各古墳と船原古墳との橋渡しのような存在である。

3　宗像・福津地域と船原古墳

津屋崎古墳群

さらに船原古墳についてより深く知るために、宗像・福津地域の動向をたどってみる必要がある。

船原古墳のある糟屋北部地域は、北側を宗像地域に接している。宗像地域では四世紀後半から九世紀末にかけて国家的な祭祀がおこなわれた「沖ノ島」祭祀遺跡が有名だが、ヤマト王権とともに沖ノ島祭祀を奉斎した古代氏族「胸形君（むなかたのきみ）」の奥津城（おくつき）とされる津屋崎（つやざき）古墳群の存在をみのがすわけにはいかない。

津屋崎古墳群は、福津市の北側、玄界灘をみおろす山裾の一帯に南北八キロ、東西二キロという広大な範囲におよんでおり、現存するもので前方後円墳一六基、円墳四三基、方墳一基の計六〇基あり、すでに消滅したものも含めると合計七八基からなる（**図56**）。

五世紀から七世紀前半にかけて宗像

図56 ● 津屋崎古墳群

津屋崎古墳群は、玄界灘をみおろす山裾の一帯に築かれた合計七八基の古墳からなる。古墳時代中期に築かれた勝浦峯ノ畑古墳や勝浦井ノ浦古墳は群の北端にあり、時代が下るにつれて南へと造営場所が移動している。

の沿岸地域に形成された、大型の首長墳と中小規模の古墳群からなる一大古墳群で、石室構造や出土品には朝鮮半島の要素もみられ、古墳群の被葬者は玄界灘の海上交易によって宗像地域に一大勢力を築きあげた古代氏族「胸形君」である、とされている。

古墳時代中期から大型前方後円墳をはじめとする古墳群が築造されはじめ、後期にいたるまで継続的に古墳群が造営された。群中の代表的な古墳の位置をたどってみると、おおむね北から南へと造営場所が移動していることがわかる。

津屋崎古墳群の代表的な古墳

津屋崎古墳群のなかで大型古墳築造の端緒となったのは、五世紀中ごろに築造された勝浦峯（かつうらみね）ノ畑（のはた）古墳である。墳長一〇〇メートルの前方後円墳で、石室の中軸線上に二本の石柱を建てるという特異な構造をした横穴式石室を主体部にもつ（図57）。

発掘調査時点ですでに盗掘を受けていたが、複数の銅鏡をはじめ一万五〇〇〇点を超える多量の玉類（図57）、四〇点を超える大刀、鉄剣、二八〇点以上の鉄鏃、短甲、小札、馬具などが発見された。細片と化していたが金銅製冠帽（かんぼう）の存在が確認され、百済からの舶載品と推定されている。

勝浦峯ノ畑古墳とほぼ同じ五世紀中ごろか、やや後の時期に造営されたのが、勝浦井ノ浦（かつうらいのうら）古墳である。墳長七〇メートルの前方後円墳で、前方部にある細長い形をした初期横穴式石室が調査されており（図58）、副葬品には三環鈴（さんかんれい）、金銅装馬具、鉄鉾（てつほこ）、短甲、小札、鉄鏃や鉄斧な

図57 ● 勝浦峯ノ畑古墳の横穴式石室と出土した玉類

上：石室内に2本の石柱を配置する独特な構造で、国内ではほかに例がない。下：石室内はすでに盗掘を受けていたため遺物の残りはよくないが、それでも副葬品がいかに豪華だったかを知ることができる。玉類だけでも1万5000点を超える。

どがある。細長い横穴式石室は朝鮮半島の新羅・加耶地域に分布するため、この横穴式石室は新羅・加耶地域の影響を受けてつくられたのではないかとされている。

新原・奴山古墳群は、五世紀前半から後半にかけて前方後円墳や大型円墳が築造され、六世紀中葉から後半にかけて中・小規模の円墳が築造された。東西八〇〇メートルの台地上に総数五九基の古墳が確認されている。現存するのは四一基で、その内訳は前方後円墳五基、円墳三五基、方墳一基である（図59）。

津屋崎古墳群中最大規模を誇る在自剣塚古墳は、墳長一〇一・七メートルの前方後円墳で、前方部、後円部ともに二段築成で葺石を備える。六世紀末ごろの築造と推定されており、船原古墳と築造時期が重なっている。船原古墳との関連が大いに興味をひくが、発掘調査がおよんでいないため詳細は不明である。

図58 ● 勝浦井ノ浦古墳の石室
県道をはさんで勝浦峯ノ畑古墳の向かい側にある古墳。県道建設時に前方部の発掘調査がおこなわれ、細長い形の初期横穴式石室がみつかった。石室の形状は朝鮮半島の新羅・加耶地域の影響を受けたのではないかといわれている。

前方後円墳がつくられなくなった七世紀前半に築造されたのが、手光波切不動古墳である。直径二五メートル前後の円墳で、埋葬施設は全長一〇・八メートルの横穴式石室である。発掘調査で新羅産の可能性がある輪鐙や新羅土器、沖ノ島のものに類似する須恵器が出土した（図60）。

津屋崎古墳群の最後を飾るのが、宮地獄神社の境内にある宮地嶽古墳である。七世紀前半から中葉の築造で、直径三五メートル前後の円墳と推定される。埋葬施設は全長二三メートルにもおよぶ長大な横穴式石室で全国でも第二位の長さを誇る。

この古墳の被葬者は天武天皇の妃・尼子娘の父である「胸形君徳善」ではないかと推察されている。金銅製透彫冠、

図59● 新原・奴山古墳群
新原・奴山古墳群は、広大な「津屋崎古墳群」のなかの一部。東西およそ800ｍの丘陵上に、5世紀後半から6世紀後半の古墳がいくつも連なっているさまは圧巻である。

頭椎大刀（かぶつちのたち）、金銅製馬具類、百済産とされるガラス板やガラス玉、蓋付銅鋺、銅盤（どうばん）等が付近から出土したと伝えられ、これらの優れた副葬品は国宝に指定されている。

こうしてみてくると、糟屋北部、宗像両地域の古墳の副葬品にみられる豪華さや朝鮮半島系要素といった点が、ひとつの共通項として浮かびあがってくる。

4　朝鮮半島との関係

胸形君一族とヤマト王権

胸形君一族が沖ノ島で国家的祭祀を奉斎し、津屋崎古墳群を造営できるだけの確固たる勢力をえることとなった背景には、ヤマト王権の関与があったことはまちがいない。

津屋崎古墳群が造営されはじめた五世紀ごろに、朝鮮半島との直接的な交渉をはじめたヤマ

図60 ● 手光波切不動古墳の副葬品

左：輪鐙。類似品に韓国の慶尚北道慶州市の鴈鴨池（アナブチ）出土の輪鐙があり、宗像と新羅との交流を示す遺物といえる。
右：新羅土器。陶質の細頸壺で、水滴文や半円点文といった印花文が特徴的な新羅土器である。宗像地域では相原古墳に出土例がある。

ト王権が、その交渉の水先案内人として胸形君に代表される宗像地域の海洋氏族に協力を要請し、両者が結びつきを強めたとされる。

遠く海を隔てた朝鮮半島との交渉にあたり、航海の安全と交渉の成功を祈念して胸形君が祀る神であった沖ノ島の宗像神を、ヤマト王権が新しい祭儀と奉献品をもって祀るようになったのであろう。

朝鮮半島の情勢

ところで、四世紀後半段階のヤマト王権は、朝鮮半島の西側一帯で当時非常に強い勢力を有していた百済をおもな交渉相手にしたが、その後のヤマト王権と朝鮮半島との関係、あるいは九州北部地域との関係はどうなったのだろう。

その当時、朝鮮半島では北方に高句麗、東に新羅、西に百済といった三国が鼎立し、南方には加耶諸国が群立し、西南部の栄山江(ヨンサンガン)流域にも独自の勢力があり、複雑な様相を呈していた(図61)。そのようななか、四世紀後半には北方の高句麗が南部への進出をもくろむ。高句麗に従属的関係を結んだ新羅にたいし、百済は倭のヤマト王権と接近し同盟を結ぶことによってこれに対抗しようとした。ヤマト王権が百済と交渉する際に、水先案内人としての役割を担ったのが、海上交通に長け朝鮮半島とも太いパイプをもっていた胸形君一族だといわれる。胸形君一族はヤマト王権とともに沖ノ島祭祀を奉斎し、ヤマト王権と結びつくことによって一大古墳群「津屋崎古墳群」を造営できるだけの力を保有することができた。

王権だけでなく、倭のそれぞれの地域もまた、独自の交渉によって朝鮮半島の進んだ文化を受容していたようだ。なかでも九州北部地域は朝鮮半島に近い位置にあり、積極的に交渉していたらしい。九州北部地域の沿岸部に分布する古墳や集落遺跡では、このころから朝鮮半島系遺物の出土が目立ってくるが、その背景にはこのような動きがあったものとみられる。糟屋北部地域でもまたこの傾向が顕著であることは先に述べた。

五世紀後半になると、それまで従属的関係にあった新羅が高句麗からの離脱をはかり、高句麗への対抗を目的として倭と交渉するようになる。それ以前から新羅は両面外交的に倭との結びつきをも深めていたことが古墳出土品

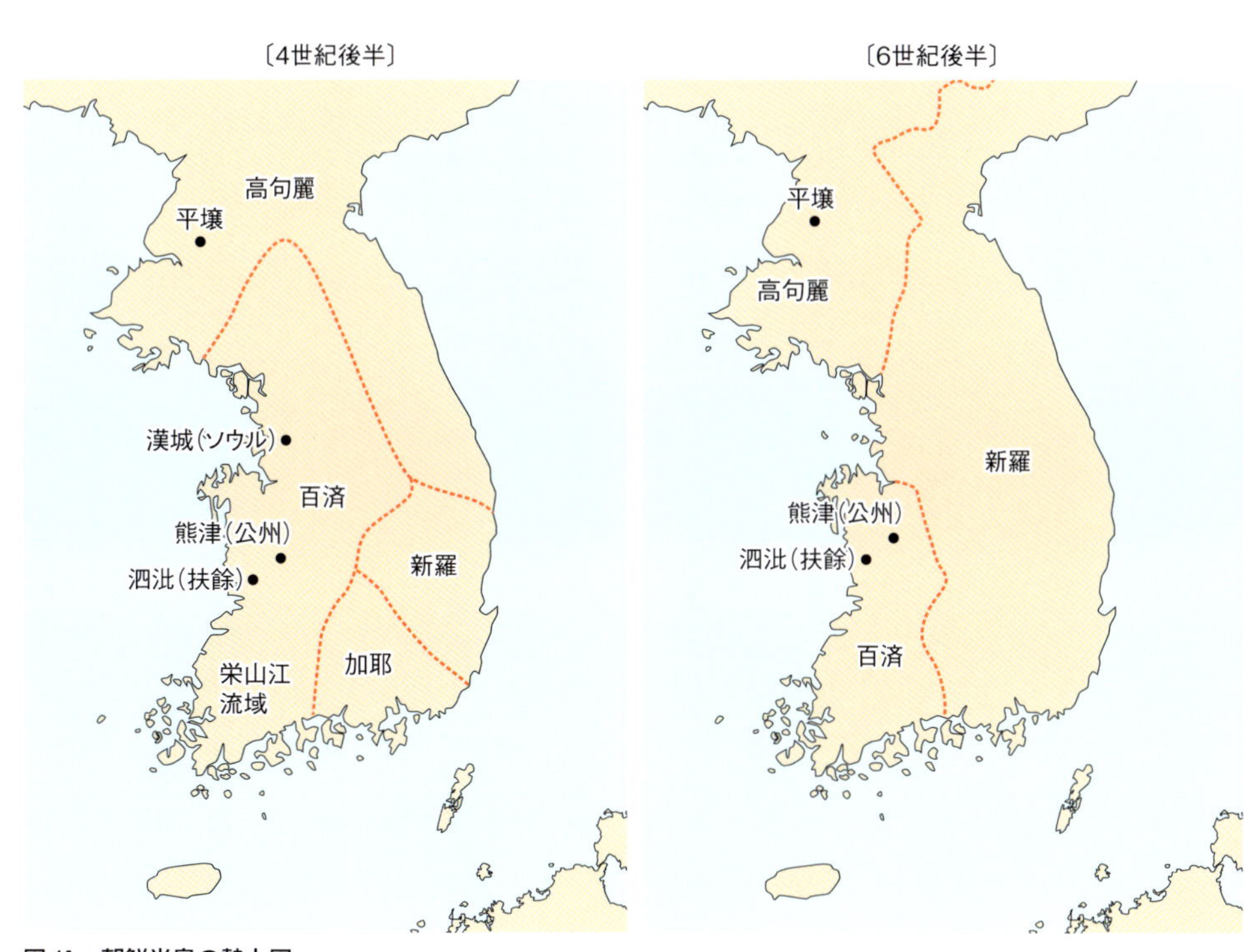

図61 ● 朝鮮半島の勢力図
4世紀後半頃の朝鮮半島は、北方に高句麗、西方に百済、東方に新羅、南方に加耶諸国があり、複雑な様相を呈していた。その後、高句麗は南方への進出を開始して百済を圧迫し、新羅は加耶諸国を併合するなど勢力図に変化が生じることとなった。

からもうかがわれるが、このころ以降、百済、新羅をはじめ朝鮮半島南部諸地域と、ヤマト王権をはじめ国内各地域との交渉は以前にもまして活発になり、複雑な様相を呈していた。

九州北部地域も独自に朝鮮半島と外交をおこなっていたようで、これはのちに、「磐井の乱」とよばれる抗争の原因ともなった。筑紫国造磐井の乱は、五二七年から翌五二八年にかけて発生したヤマト王権と九州北部地域との抗争で、磐井が新羅と独自に外交を結んだことが原因の一つとして『日本書紀』に記される。磐井は挙兵したものの、最終的には鎮圧されてしまうが、磐井の子の「筑紫君葛子」は「糟屋屯倉」を献上することで贖罪を願った。古賀市の鹿部田渕遺跡が糟屋屯倉ではないかとされているのは先に述べたが、糟屋屯倉をえたことで、ヤマト王権は対外交渉上の重要な拠点を手中に収めたこととなる。

磐井の乱後、ヤマト王権は九州北部地域が独自に築いていた朝鮮半島との外交ルートの掌握を一気に進めたものとみられるが、それは九州北部地域の衰退を意味しているわけではない。津屋崎古墳群をはじめ、九州北部地域の古墳群の消長をみると、磐井の乱前後で古墳群の断絶や勢力の交代といった劇的な変化はみられないことから、むしろヤマト王権との良好で緊密な関係を再構築しながら、その後も安定的に勢力を保持した様子がうかがわれる。

5　浮かびあがる被葬者像

これまで述べてきた周辺地域の古墳や当時の朝鮮半島の動向とヤマト王権の対応を照らしあ

わせると、船原古墳の被葬者像が徐々にみえてくる。

まず、代々の有力な在地首長層だったのではなく、急に力を伸展させた人物であるということ。これは前の時期までに大型の首長墓が付近一帯では築造されたことがなく、既存の首長墓に属さない前方後円墳であることから類推される（図62）。

そして、海上交

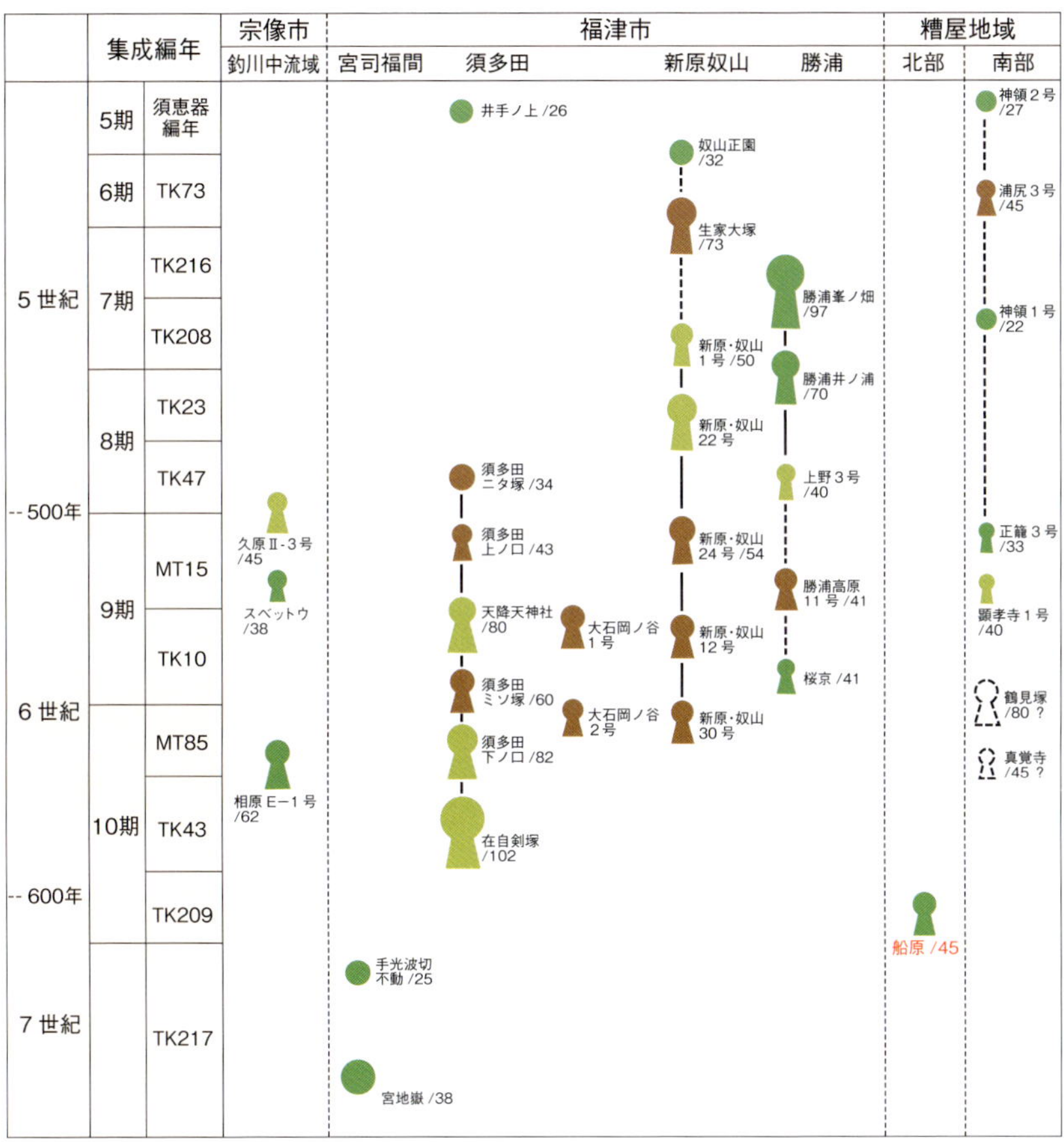

＊緑色の古墳は時期を限定できるもの。黄緑色の古墳は時期が前後する可能性があるもの。
　茶色の古墳は時期決定の根拠が弱いもの。
＊古墳名の後の数字は墳裾を基準とした全長ないし直径。

図62 ● 糟屋周辺の首長墓系譜

5世紀から6世紀にかけて、福津市内の津屋崎古墳群や糟屋南部地域では首長墓系譜が連続する。ところが、糟屋北部地域では6世紀末ごろに突如として船原古墳が登場している。

易にも長け、朝鮮半島との交流にも通じていたであろうということ。これは、糟屋北部地域の地理的特性として海に近い位置にあり、外交上重要な地理的要因を備えていたことが大きく関係している。加えて、海上交易をとおして朝鮮半島・ヤマト王権の両方とも良好な関係を有していたこと。これは、船原古墳の遺物埋納坑から出土した数々の逸品をみれば一目瞭然であろう。

また、近隣の胸形君とも良好な関係を築いていたということ。これは、古墳の構築技法に宗像地域の様相がみられることや、宗像地域に特徴的な遺物が船原古墳からも出土していることから察することができる。

このようにみてくると、船原古墳の被葬者は、当時の複雑な社会情勢下において、巧みに身を処しながら一代で相応の力を蓄え、亡くなった後も多種多様な副葬品にかこまれるほどの傑出した人物、という像が浮かびあがってくるのである。

第５章　船原古墳のこれから

現地保存にむけて

船原古墳は二〇一三年四月の記者発表と現地説明会以降、新たな発見があるたびにテレビや新聞で大きくとり上げられた。これにともない古賀市では、遺跡の保全について協議を進め、発見から二カ月あまりがすぎた六月中旬には、遺物埋納坑をふくむ船原古墳に関連する遺構を保存することをめざし、福岡農林事務所や地元の関係者と調整を進めることとなった。

そして早くも翌二〇一四年二月には、船原古墳は重要な文化財として、また市の観光振興の起爆剤として、現地の公園化も含めて遺跡を保存する方向で関係者間の合意が形成された。発見から一年足らずで、遺跡保存の方針が地元の総意となったのである。

遺跡の発掘調査を終え、現地の埋め戻しが終了し、迎えた二〇一六年一月三一日、それまでの調査成果に関するシンポジウムを開催した（図63）。

シンポジウムでは、まず発掘調査を担当した古賀市の担当者が登壇し、遺物埋納坑の発見とその後の経緯を報告した。つづいて遺物のとり上げを担当した九州歴史資料館の加藤氏がCTを駆使した出土品の分析状況を報告した。二人の報告の後、調査指導委員会の委員四名全員が登壇し、古賀市文化財保護審議会の西谷正会長をコーディネーターに迎えて、出土品の重要性や発掘調査の内容、被葬者の姿や当時の政治状況、また船原古墳に関する今後の展望などを熱心に語り、参加者に思いを伝えた。

そして、同年三月末には調査報告書を刊行し、一〇月には古賀市でははじめての国指定史跡「船原古墳」が誕生した。遺物埋納坑の発見から約三年半、矢継ぎ早にさまざまな活動を進めてきた、その成果が結実した瞬間だった。

深まる謎と船原古墳のこれから

しかし、船原古墳については、残された謎がまだ多い。船原古墳の最大の特徴である遺物埋納坑については、1号土坑はなぜあのようなかたちをしているのか、なぜ埋納がおこなわれた

図63●「船原古墳シンポジウム」ポスター(2016年)

のか。古墳の周辺に土坑を掘って多数の遺物を埋納するという行為自体、国内ではほかに例をみない。多数の出土品も、製作された場所はどこなのか、どのような経路で入手されたのか、どのような思いでこれらの豪華な品物を地中に埋納したのか。被葬者自身についてもまだまだわからないことが多い。船原古墳は、古墳時代の日本列島の社会ばかりでなく、東アジアの歴史を知るうえでも重要な提起をつづけているように思える。

現在、船原古墳の埋納坑から出土した遺物は、古賀市と九州歴史資料館が共同で整理・分析を進めている。作業が進むにつれて新たな発見があるだろう。すべての作業が終わり、遺物埋納坑から出土した品々が一堂にならんだ姿は圧巻にちがいない。国指定史跡「船原古墳」が、ふるさとの象徴として地域に愛されることを願って、古賀市では「船原古墳を介したさまざまな〝つながり〟を学び、築き、育む」ことをめざしている。今後、さらなる調査研究とその成果を公開することで、市民とともにふるさとの宝として船原古墳を守っていきたい（図64）。

図64 ● 船原古墳の現状
史跡指定後、遺物埋納坑がある一帯を広場として整備した。
古墳本体の整備はこれからである。

参考文献

古賀市教育委員会　二〇〇四『船原古墳群Ⅰ』古賀市文化財調査報告書第三六集

古賀市教育委員会　二〇一四『船原古墳遺物埋納坑発掘調査速報』古賀市文化財調査報告書第六四集

古賀市教育委員会　二〇一六『船原古墳Ⅰ』古賀市文化財調査報告書第六八集

古賀市教育委員会　二〇一九『船原古墳Ⅱ』古賀市文化財調査報告書第七三集

古賀市教育委員会文化課　二〇一六『国史跡指定記念企画展　船原古墳展』

古賀市歴史資料館　二〇〇三『古賀のむかし　鹿部山遺跡から馬渡・束ヶ浦遺跡まで』

古賀市教育委員会　二〇〇四『永浦遺跡』古賀市文化財調査報告書第三五集

古賀市教育委員会　二〇〇七『古賀市鹿部土地区画整理事業関係埋蔵文化財発掘調査報告Ⅳ』古賀市文化財調査報告書第四六集

新宮町教育委員会　一九九九『相島積石塚群』新宮町埋蔵文化財発掘調査報告書第一六集

粕屋町教育委員会　二〇一八『阿恵遺跡』粕屋町文化財調査報告書第四三集

福岡県教育委員会　一九七七『新原・奴山古墳群』福岡県文化財調査報告書第五四集

福津市教育委員会　二〇一三『津屋崎古墳群Ⅲ』福津市文化財調査報告書第七集

福津市教育委員会　二〇一四『国指定史跡　津屋崎古墳群　保存管理計画』

加藤和歳・小林啓　二〇一五「X線CTを用いた発掘調査の最新技術」『X線CTを用いた文化財の研究と活用』九州国立博物館

小林啓・加藤和歳・岩橋由季・甲斐孝司ほか　二〇一七「船原古墳遺物埋納坑出土鉄釘に付着した有機質の観察による埋納容器の想定復元」『日本文化財科学会第三四回大会研究発表要旨集』日本文化財科学会

加藤和歳・小林啓・甲斐孝司ほか　二〇一九「X線CTによる金銅製杏葉の構造技法に関する検討」『日本文化財科学会第三六回大会研究発表要旨集』日本文化財科学会

下原幸裕　二〇〇六『西日本の終末期古墳』中国書店

溝口優樹　二〇一五『日本古代の地域と社会統合』吉川弘文館

小嶋　篤　二〇一八「「前方後円墳の終焉」から見た胸肩君」『沖ノ島研究』四号、「宗像・沖ノ島と関連遺産群」世界遺産推進会議

船原古墳

・福岡県古賀市谷山字柳原、小山田字舟原
・問い合わせ　古賀市教育委員会文化課　０９２（９４０）２６８３
・交通　ＪＲ古賀駅よりバス「普 薦野行（青柳四ツ角）」に乗車、「谷山バス停」下車徒歩５分。

史跡は広場としてガイダンス施設、駐車場を整備しており、見学ができる。ホームページ「船原古墳Ｎｏｗ！」https://www.city.koga.fukuoka.jp/cityhall/work/bunka/bunkazai/funabaru/で船原古墳の情報を紹介。

船原古墳

古賀市立歴史資料館

・古賀市中央２―13―1　リーパスプラザこが内
・電話　０９２（９４４）６２１４
・開館時間　10：00～18：00
・休館日　月曜日（祝日の場合は翌平日）、整理休館日（毎月第４木曜日）、12月28日～1月4日
・入館料　無料
・交通　ＪＲ鹿児島本線「古賀」駅より徒歩５分。

市内の歴史、民俗等に関する資料を収集・整理・保存し、古賀市内で発掘された文化財を調査研究する。展示室にて船原古墳の展示をしている。

古賀市立歴史資料館展示室

九州歴史資料館

・福岡県小郡市三沢５２０８―３
・電話　０９４２（７５）９５７５
・開館時間　９：30～16：30（入館は16：00まで）
・休館日　月曜日（祝日の場合は翌平日）、12月28日～1月4日
・入館料　一般２１０円、高大生１５０円、中学生以下無料（土曜日は高校生も無料）
・交通　西鉄天神大牟田線「三国が丘」駅から徒歩約10分。

大宰府史跡の発掘調査をはじめ、歴史に関する多角的な調査研究を進めている。展示室では、これまでの調査研究成果を反映する貴重な文化財を公開している。

遺跡には感動がある

――シリーズ「遺跡を学ぶ」刊行にあたって――


「遺跡には感動がある」。これが本企画のキーワードです。

あらためていうまでもなく、専門の研究者にとっては遺跡の発掘こそ考古学の基礎をなす基本的な手段です。また、はじめて考古学を学ぶ若い学生や一般の人びとにとって「遺跡は教室」です。

日本考古学では、もうかなり長期間にわたって、発掘・発見ブームが続いています。そして、毎年厖大な数の発掘調査報告書が、主として開発のための事前発掘を担当する埋蔵文化財行政機関や地方自治体などによって刊行されています。そこには専門研究者でさえ完全には把握できないほどの情報や記録が満ちあふれています。しかし、その遺跡の発掘によってどんな学問的成果が得られたのか、その遺跡やそこから出た文化財が古い時代の歴史を知るためにいかなる意義をもつのかなどといった点を、莫大な記述・記録の中から読みとることははなはだ困難です。ましてや、考古学に関心をもつ一般の社会人にとっては、刊行部数が少なく、数があっても高価なその報告書を手にすることすら、ほとんど困難といってよい状況です。

いま日本考古学は過多ともいえる資料と情報量の中で、考古学とはどんな学問か、また遺跡の発掘から何を求め、何を明らかにすべきかといった「哲学」と「指針」が必要な時期にいたっていると認識します。

本企画は「遺跡には感動がある」をキーワードとして、発掘の原点から考古学の本質を問い続ける試みとして、日本考古学が存続する限り、永く継続すべき企画と決意しています。いまや、考古学にすべての人びとの感動を引きつけることが、日本考古学の存立基盤を固めるために、欠かせない努力目標の一つです。必ずや研究者のみならず、多くの市民の共感をいただけるものと信じて疑いません。

二〇〇四年一月

戸沢充則

著者紹介

甲斐孝司（かい・こうじ）

福岡大学人文学部歴史学科卒業
古賀市教育委員会文化課文化財係業務主査
主な著作　「鹿部田渕遺跡の諸問題」『日本考古学協会2012年度福岡大会研究発表資料集』、「鹿部田渕遺跡の官衙的大型建物群」『福岡大学考古学論集―小田富士雄先生退職記念―』ほか

岩橋由季（いわはし・ゆき）

九州大学比較社会文化学府博士後期課程単位取得退学
古賀市教育委員会文化課文化財係主任主事
主な著作　「福岡県古賀市船原古墳の調査について」『日本考古学』43号、「河内地域における横穴墓の出現・展開とその背景」『考古学は科学か（下）　田中良之先生追悼論文集』中国書店ほか

●写真提供（所蔵）

古賀市教育委員会：図2～6・8～14・16・18（上・下左）・19・23・26・27・29～39・41・43（下）・44・46・48・52・54・63・64／古賀市教育委員会（九州歴史資料館）：図15／九州歴史資料館：図17・18（下右）・21（上）・図43（上）／宗像大社：図20／九州国立博物館：図21（中・下）／和歌山市立博物館（国〈文化庁保管〉）：図40／行田市立博物館：図42／奈良国立博物館（撮影：佐々木香輔）：図45／高槻市立今城塚古代歴史館：図47／奈良文化財研究所：図49／粕屋町教育委員会：図50／新宮町教育委員会：図51・55／九州大学考古学研究室：図53／福津市教育委員会：図56～60

●図版出典（一部改変）

図1：国土地理院20万分の1地勢図「福岡」／図7：桃﨑祐輔原図／図22・25：古賀市教育委員会 2004『船原古墳群Ⅰ』／図24：古賀市教育委員会 2016『船原古墳Ⅰ』／図28：古賀市教育委員会 2019『船原古墳Ⅱ』／図61：九州国立博物館 2015『特別展　古代日本と百済の交流』／図62：重藤輝行作成

シリーズ「遺跡を学ぶ」141

豪華な馬具と朝鮮半島との交流　船原（ふなばる）古墳

2019年 12月 10日　第1版第1刷発行

著　者＝甲斐孝司・岩橋由季

発行者＝株式会社 新 泉 社

東京都文京区本郷2－5－12
TEL 03（3815）1662／FAX 03（3815）1422
印刷／三秀舎　製本／榎本製本

ISBN978－4－7877－2031－3　C1021

シリーズ「遺跡を学ぶ」

第1ステージ（各1500円＋税）

03 古墳時代の地域社会復元　三ツ寺I遺跡　若狭　徹
08 未盗掘石室の発見　雪野山古墳　佐々木憲一
10 描かれた黄泉の世界　王塚古墳　柳沢一男
13 古代祭祀とシルクロードの終着地　沖ノ島　弓場紀知
16 鉄剣銘一一五文字の謎に迫る　埼玉古墳群　高橋一夫
22 筑紫政権からヤマト政権へ　豊前石塚山古墳　長嶺正秀
26 大和葛城の大古墳群　馬見古墳群　河上邦彦
28 泉北丘陵に広がる須恵器窯　陶邑遺跡群　中村　浩
32 斑鳩に眠る二人の貴公子　藤ノ木古墳　前園実知雄
35 最初の巨大古墳　箸墓古墳　清水眞一
42 地域考古学の原点　月の輪古墳　近藤義郎・中村常定
49 ヤマトの王墓　桜井茶臼山古墳・メスリ山古墳　千賀　久
51 邪馬台国の候補地　纒向遺跡　石野博信
55 古墳時代のシンボル　仁徳陵古墳　一瀬和夫
63 東国大豪族の威勢　大室古墳群〔群馬〕　前原　豊
73 東日本最大級の埴輪工房　生出塚埴輪窯　高田大輔
77 よみがえる大王墓　今城塚古墳　森田克行
79 葛城の王都　南郷遺跡群　坂　靖・青柳泰介
81 前期古墳解明への道標　紫金山古墳　阪口英毅
84 斉明天皇の石湯行宮か　久米官衙遺跡群　橋本雄一
85 奇偉荘厳の白鳳寺院　山田寺　箱崎和久
93 ヤマト政権の一大勢力　佐紀古墳群　今尾文昭
94 筑紫君磐井と「磐井の乱」　岩戸山古墳　柳沢一男
別04 ビジュアル版古墳時代ガイドブック　若狭　徹

第2ステージ（各1600円＋税）

103 黄泉の国の光景　葉佐池古墳　栗田茂敏
105 古市古墳群の解明へ　盾塚・鞍塚・珠金塚古墳　田中晋作
109 最後の前方後円墳　龍角寺浅間山古墳　白井久美子
117 船形埴輪と古代の喪葬　宝塚一号墳　穂積裕昌
119 東アジアに翔る上毛野の首長　綿貫観音山古墳　大塚初重・梅澤重昭
121 古墳時代の南九州の雄　西都原古墳群　東　憲章
126 紀国造家の実像をさぐる　岩橋千塚古墳群　丹野　拓・米田文孝
136 邪馬台国時代の東海の王　東之宮古墳　赤塚次郎
138 河内平野をのぞむ大型群集墳　高安千塚古墳群　吉田野乃・藤井淳弘
140 物部氏の拠点集落　布留遺跡　日野　宏